‖ 인문교양총서 33

일상에서 이해하는 칸트 윤리학

•

김덕수

인문교양총서 033

일상에서 이해하는 칸트 윤리학

김덕수 지음

역락

　오늘날 우리사회는 도덕불감증에 걸린 것처럼 수많은 갈등과 혼란을 야기하고 있다. 인간에 대한 기대와 희망은 온데간데없고, 현대인들은 서로 간에 불신과 주변인들로부터의 좌절을 통해 늘 공격적이거나 방어적인 삶의 자세를 유지하면서 살아간다. 특히 우리는 이익과 손해의 관점에서 다른 사람과 계산적이고 수단적인 관계를 맺을 수밖에 없는 상황에 놓여 있다. 상황이 이렇다 보니 자본주의 체제 속에서 더 나은 삶을 위한 경쟁은 우리의 삶을 점점 더 비인간적으로 만들고 있기까지 하다. 이런 현실은 현대인들로 하여금 서로가 인격적인 관계를 맺지 못하게 할뿐만 아니라 진정한 도덕적 자유, 다시 말해 자율성에 근거한 행위를 할 수 없도록 만들었다. 그래서 현대인들은 '도덕이란 과연 무엇이며 그리고 도덕성이라는 것이 과연 존재하는가?'라는 의구심을 지닌 채 살아간다.

　'도덕적 비난은 감수하더라도 법만 어기지 않으면 된다'는 사고방식이 현대인들에게 확대된 요즘의 상황을 고려할 때, 우리는 앞으로 어떻게 살아가야하는가를 진지하게 반성해야 할 지점에 이르렀다. 언제부터 우리사회에서 도덕의 자리가 사라졌는지 정확히 알 수 없으나, 분명한 것은 이럴 때일수록 우리가 도덕성을 토대로 자신의 존재와 삶의 방향성에 대해 심각하게 고민하며 살아야 한다는 점이다. 따라서 칸트가 제기한 '나는 무엇을 행해야 하는가?'라는 질문은 복잡한 오늘을 살아가는 우리에게 상당히 시사하는 바가 크다고 할 것이다. 왜냐하면 칸트는 도덕의 무력화와 상대주의적 속성으로부터 벗어나는 길이 무엇인가를 끊임없이 고민하였고, 이런 고민을 극복하고자 이성의 토대 위에 참된 도덕성을 확립하고자 하였기 때문이다. 이와 같은 그의 모습에서, 세상이 아무리 덧없고 무의미하다 하더라도, 선하게 살아가고자 노력하는 삶에 대한 진정한 태도를 엿볼 수 있다. 마찬가지로, 우리의 삶이 아무리 힘들고 어렵다 할지라도, 정도를 지키며 선하게 살아가고자 하는 삶의 태도는 여전히 우리 자신에게 주어진 과제가 아닐 수 없다.

이성적 존재로서 인간은 그저 사고만 하는 것이 아니라 사고와 더불어 행위한다. 또한 인간은 단순히 욕구를 충족시키는 차원의 행위를 넘어 보다 의미 있고 가치 있는 행위로 나아간다. 물론 인간에게는 습관의 산물로 인한 사고와 행위의 유형, 즉 자신의 행복과 만족을 추구하려는 본성적 경향성이 있기 때문에 항상 의미와 가치로 충만한 삶을 살아갈 수는 없다. 그럼에도 도덕성이 무엇인지 우리는 알 수도 그래서 증명할 수도 없지만, 이 도덕성을 사람들은 평생의 과업이라 여기며 자신의 삶을 올바르고 선한 방식으로 전개하고자 한다. 그러므로 우리가 각자의 삶을 보다 가치 있게 만들고자 한다면 자유와 더불어 도덕성을 실천하면서 살아가야 한다. 이 책은 이런 삶의 태도를 실현하는 데 조금이나마 도움이 되고자 쓰였다.

물론 철학자 칸트가 더 이상의 설명이 필요 없을 만큼 훌륭하고 저명한 것처럼 그의 철학 역시 난해하기로 유명하다. 또한 그의 철학, 특히 윤리학과 관련된 책들도 서점에 가면 어렵지 않게 찾을 수 있지만, 일반인들의 입장에서 보다 더 쉽게 이해될 수 있는 칸트 윤리학의 입문서를 만들기 위해 의욕적으로 이 책을 집필하였다. 일반 독자들에게 그의 윤리학적 내용을 얼마만큼 잘 전달할 수 있고 또 이해하도록 도울 수 있을지는 가늠할 수 없지만, 집필과정에서 필자의 한계와 부족함을 경험하는 계기가 되었고, 이는 앞으로의 연구에 발전적 자극이 되리라 생각한다.

지난 2월 러시아의 칼리닌그라드, 과거 쾨니히스베르그라 불리는 곳에 다녀왔다. 칸트 대학 앞에 있는 그의 동상을 발견하고 너무 감동에 벅차 연신 사진을 찍던 필자의 모습을 사람들은 상당히 신기하게 쳐다보았던 기억이 아직도 생생하다. 칸트의 인물됨과 그의 전 생애를 관통하는 학문적 업적을 고려한다면 그의 동상 앞에서 사진을 찍던 필자가 그리 어색하거나 신기해 보이지는 않을 텐데, 이런 기대는 나를 바라보던 사람들로부터 찾을 수 없는 것처럼 보였다. 하지만 분명 그의 동상 앞에서 필자가 느낄 수 있었던 점은 칸트가 그토록 감탄과 경외를 보냈던 두 가지, 곧 '별이 빛나는 하늘'과 '내 안의 도덕법칙'은 여전히 바쁘게 죽어가는지 혹은 바쁘게 살아가는지조차 구분하기 힘든 오늘을 살아가는 나 자신에게도 유효하다는 점이었다.

끝으로, 이 책이 나오기까지 필자에게 많은 가르침과 도움을 주신 모든 분들께 진심으로 감사를 드린다. 아울러 이 책의 출판을 지원해 준 경북대학교 인문대학에도 감사의 마음을 전한다.

2018년 4월

김덕수

차례

▶ 1790년경의 칸트

▶ 칸트 박물관에 전시되어 있는 초상화

1. 칸트의 생애*

인간의 기억은 상대적이고 늘 변한다. 우리는 같은 것을 보고도 비교적 다르게 기억할 가능성이 높다. 기억에 대한 우리의 태도는 기억하는 사람의 배경지식과 삶에의 경험 등에 의해 많이 좌우된다. 그래서인지 우리는 '일반적으로 사람은 자신이 보고 싶은 것만 보고 듣고 싶은 것만 듣는다'는 흔한 말처럼 우리 자신의 기억 역시도 기억하고 싶은 것만 기억하려고 한다. 다시 말하면 인간에게 기억은 왜곡의 연속이라고 할 정도로 상대적인 것이므로 객관적이고 완전한 기억은 현실적으로 기대하기 어렵다. 이와 같이 인간의 기억의 특성을 고려한다면, 설령 그 기억이 상대적인 것이라 하더라도, 우리가 누군가를 머리 속에 떠올린다는 것은 기억의 대상인 누군가

---

* 이 부분은 가이어의 『칸트 평전』, 카울바하의 『칸트 비판철학의 형성과정과 체계』, 회페의 『임마누엘 칸트』, 포르랜더의 『칸트의 생애와 사상』에서 많은 도움을 받았다.

▶ 칸트 박물관에 전시되어 있는 흉상

가 다른 사람들이 쉽게 떠올릴 만큼 특별한 그만의 삶의 자취나 특징이 있어야 함을 의미한다. 그런데 아쉽게도 칸트는 전 생애를 통틀어 특별히 언급할 만한 무엇인가를 제시하기 어려울 정도로 평범하고도 일상적인 삶을 살다간 인물이다. 그래서 대부분의 사람들은 철학자 칸트의 이름을 들어본 적이 있다고는 하나, 그의 학문적 업적이나 인물 그 자체에 대해 물어보면 이내 고개를 좌우로 돌리곤 한다. 물론 일반 사람들의 이와 같은 반응은 그리 놀라운 일이 아니므로, 그에 대해 기억하거나 무언가를 언급한다는 것은 어쩌면 생각하는 이에게는 상당히 어려운 일일 것이다.

칸트는 생애 중반부터 삶을 마감할 때까지 늘 자신이 정한 일과에 따라 생활할 만큼 규칙적으로 살았고, 일상을 벗어나는 일이 거의 없었다. 그리고 칸트는 자신이 정해놓은 내용처럼 하루하루의 삶을 계획대로 전개해나가지 못할 때는 몹시 기분을 상해하였을 뿐만 아니라 정서적으로도 매우 민감했다고 한다. 규칙적인 삶의 형태를 매우 중요시 여겼던 칸트의 하루 일과는 다음과 같았다. 우선 새벽 5시에 일어나 홍차 두

▶ 친구 및 지인들과 식사하는 칸트

잔을 마시고 담배를 피운 후 잠옷 차림으로 강의 준비를 한다. 다음으로 오전 7시부터 9시까지 강의를 한 후 다시 오전 9시부터 오후 1시까지 집필 작업을 하는데, 이 시간이 그에게는 가장 중요한 시간이었다. 집필 작업이 끝난 오후 1시부터 4시까지는 친구들 및 지인들과 점심식사를 하는데 세 시간 동안 와인, 음식 등을 먹으면서 다양한 주제들에 관해 이야기한다. 점심식사와 더불어 다른 사람과 대화를 즐기는 칸트의 모습에서 우리가 주목해서 보아야 하는 것은 그의 옷차림과 머리모양이 늘 단정하였다는 것과, 대인 관계에서도 항상 조심성을 염두에 두고 행동하였다는 사실이다. 또한 칸트가 평생을 쾨니히스베르그에서 지냈음에도 해박한 지식을 소유할

수 있었던 것은 여러 사람들과의 대화도 일정부분 영향을 미쳤다고 전해진다. 점심식사가 끝난 오후 4시부터는 혼자 산책을 나가는데, 늘 반복되는 그의 산책으로 인해 동네 사람들이 칸트를 보고 시계를 맞추거나 시간을 파악했다고 한다. 이례적이게도 칸트는 루소의 『에밀』을 읽다가 그 책에 심취한 나머지 그만 산책을 하지 못한 경우가 한 번 있었는데, 이 일이 사람들에게 크게 회자될 정도였다. 마지막으로 저녁에는 읽기에 쉽고 편안한 책들을 주로 읽었고, 밤 10시에 잠에 들었다고 한다. 루소의 『에밀』을 읽느라 산책을 한 번 빼먹은 것을 제외하고는 규칙적인 삶의 과정을 반복적으로 실천하며 살아온 칸트였기에 그의 삶이 상당히 단조롭다는 평가는 어쩌면 당연한 것일지도 모른다.

▶ 산책하는 칸트

칸트의 삶의 방식이 늘 규칙적이었다는 것이 엄격한 자기관리로부터 나온 것인지 아니면 그의 부모로부터 물려받은 엄숙함과 경건함이라는 삶의 유산에서 형성된 그 자신의 의지가 실천적으로 보여준 삶의 결과인지는 정확히 알 수 없다. 하지만 분명한 점은 칸트가 삶에 대한 철저한 자기관리를 통해 그 자신의 철학의 체계성 혹은 엄밀함을 산출할 수 있었다는 사실이다. 더욱이 서양철학 혹은 서양학문의 역사에서 칸트가 차지하고 있는 위상이 고대의 소크라테스, 플라톤, 아리스토텔레스 못지않은 것은 그의 철학이 매우 체계적이고 또 엄밀한 특성을 지니고 있다는 점 때문이기도 하다. 그러나 칸트가 이룩한 학문적인 업적과 천재성이 과연 어디서 어떻게 유래한 것인지를 단번에 증명하여 이끌어내기란 쉽지 않다. 비록 칸트가 단조롭고 일상적인 삶을 살다 갔지만, 오늘날까지 우리에게 많은 의미와 감동을 전해주는 그의 철학적 위대함은 냉철한 분석과 이성적 사유로부터 결과한 학문적 체계성과 엄밀성을 토대로 하고 있기 때문이다. 물론 칸트의 삶이 특별한 사건과 일화를 찾아볼 수 없을 정도로 평범했다고는 하지만, 계몽주의 시대 유럽의 지성사적 관점에서 보더라도, 그의 철학이 지성적인 정점을 나타낸다는 평가는 아무런 이유 없이 받는 것이 아니다. 그렇기 때문에 칸트가 교수로서 어떤 삶을 살았고 또 어떤 저작들을 집필했는가도 중요하지만, 그의 삶 전체를 조망하는 것 역시 그의 철학과 삶에 대한 태도를 이해하는 데 있어서도 상당히 중요한 의미를 가진다.

임마누엘 칸트는 1724년 4월 22일 당시 동프로이센의 수도

이자 유명한 항구도시인 쾨니히스베르그에서 태어났다. 독일
어권의 북동쪽 경계지점에 위치한 이 항구도시는 칸트가 태

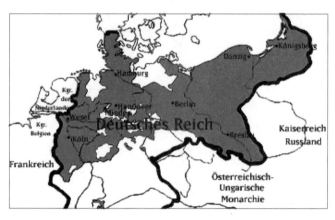

▶ 과거 동프로이센의 쾨니히스베르그

▶ 현재 러시아의 칼리닌그라드

어나던 해에 알트슈타트(Altstadt), 뢰베니히트(Löbenicht), 크나이포프(Kneiphof) 이 세 도시가 하나로 통합된 곳이다. 하지만 쾨니히스베르그는 제2차 세계 대전의 공습에 의해 크게 파괴되었으며, 포츠담 협정에 따라 소비에트 연방에 양도되었는데, 1946년에 소련의 정치인 미하일 칼리닌의 이름을 따서 칼리닌그라드로 이름이 바뀌었다. 현재는 러시아의 영토로서 칼리닌그라드 주의 주도이다. 쾨니히스베르그는 주로 영국의 공산품과 식민지 상품 그리고 프로이센의 내지와 폴란드에서 나온 천연물품이 교역되기도 했던 국제적인 무역항이었다.

마부 상인이었던 아버지 요한 게오르그 칸트는 가장으로서 성실한 삶의 자세를 유지하면서 비교적 안정적인 가정의 분위기를 만들고자 하였으며, 칸트에게 자기 반성적 의식이 있는 시민의 태도를 실천적으로 보여주었다. 뉘른베르크 태생의 로이터 가(家) 출신인 어머니 안나 레기나 역시 신중하고 분명한 자의식을 지닌 인격의 소유자였던 것으로 전해진다. 아버지와 어머니의 성품과 관련하여 칸트는 "결코 한 번도 나는 양친으로부터 천한 말을 들은 적도, 품위 없는 행실을 본 적도 없다"고 종종 말했다고 한다. 신앙심이 무척이나 깊었던 어머니는 온건한 경건주의파 신앙에 따라 생각하는 사람이었다. 그녀는 경건주의파 신학자로서 대학의 신학교수이자 콜레기움 프리데리키아눔의 교장인 슐츠(Franz Albert Schultz)와 친근한 관계를 유지하였다. 이런 인연으로 어린 칸트는 1732년

에 프리드릭스 신학원에 입학하여 1740년까지 그 신학원을
다녔다. 프리드릭스 신학원은 쾨니히스베르그에서는 최고의
명성을 지닌 학교였으며, 엄격한 종교적 규율을 바탕으로 한
곳이었기 때문에, 프리드릭스 신학원은 다른 일반적인 학교와
는 달리 학교의 분위기가 비교적 차분하고 무거웠다. 이런 분
위기 탓인지, 칸트는 학창시절의 기억을 떠올리는 것을 좋아
하지 않았고, 무엇보다 프리드릭스 신학원을 다녔던 시기와
관련하여 두려움과 불안을 느낀 적이 있다고 한다. 사실 밝고
명랑하게 자라야 할 어린아이에게 차분하고 무거운 분위기는
어린아이가 감당하기에는 힘들다는 것이 일반적인 견해임
을 감안한다면, 프리드릭스 신학원 시절의 기억을 좋아하
지 않았다는 칸트의 정서적 반응은 그리 낯선 현상이라고
볼 수 없다. 그런데 프리드릭스 신학원 시절 라틴어 강의
만큼은 칸트에게 유익할 뿐만 아니라 위안거리였다고 한
다. 집안 형편이 좋지 않았던 칸트는 친구들과 신학교 교
수인 슐츠의 도움에 의지하였는데, 슐츠는 당시 유명한 철
학자인 볼프(Christian Wolff)의 제자로서, 칸트의 지적인 재
능을 일찍이 발견한 사람이다. 칸트는 친구들 및 슐츠의 도움
과 가정교사를 통해 번 돈으로 16세가 되던 해인 1740년에 쾨
니히스베르그 대학에 진학했다. 그는 입학 후 수학, 수사학,
자연 과학 등을 배우기 시작했고, 학기가 계속되면서 여러 과목
들을 수강하였는데, 그 중 철학을 가장 좋아하였다고 한다.

▶ 과거 쾨니히스베르그 대학 사진

▶ 모형으로 재현한 쾨니히스베르그 대학

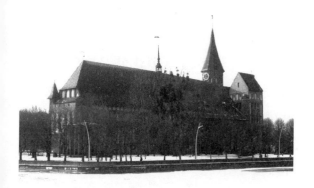
▶ 현재 터만 남아있는 쾨니히스베르그 대학

　대학시절 칸트에게 가장 많은 영향을 미친 사람은 바로 논리학과 형이상학 교수인 크누첸(Martin Knutzen)으로서, 칸트는 그의 철학과 수학 강의에 상당히 매료되었다. 더욱이 칸트는 크누첸 교수가 재주가 많고 능력이 풍부하다는 사실에 크게 감명을 받았고, 그로 인해 자연과학에도 관심을 가졌는데, 이후 뉴턴(Isaac Newton)의 물리학은 대학시절부터 칸트에게 엄밀한 학의 모범으로 간주되었다. 이외에도 그는 테트겐에게 물리학을, 그의 옛 중등학교인 프리드리히 신학원의 교장인 슐츠로부터 교의학을 수강하였다. 부모로부터 받은 삶의 유산인 엄숙함과 경건함, 그리고 절제와 더불어 이성적인 태도의 소유자답게 칸트는 자신의 공부와 관련된 계획을 주변 친구들에게 단 한 번도 얘기한 적이 없었으며, 대학시절 주로 실증적 과학보다는 인문학에 더 전념하였다. 대학을 졸업한 후 수년간 칸트는 시골에서 주로 귀족의 자녀들을 가르치는 가정교사로 활동하였다. 몇 년간의 가정교사 활동을 마무리하고 칸트는 다시 대학으로 돌아왔다. 1755년 6월 12일에 그는 라틴어로 작성한 「불에 관한 연구(Meditationum quarundum de igne succincta delineatio)」로 철학박사 학위를 받았다. 그리고 학위취득 시 관례적으로 실시한 강연은 「보다 쉽고 보다 근본적인 철학 강연에 관하여」라는 제목으로 이루어졌는데, 당시 도시의 명망가, 학자 등 많은 사람들이 공개 강의 장소에 모였으며, 칸트의 강의를 듣고 난 후 그에 대한 존경을 표했다고 한다. 그리고 칸트는 같은 해에 「형이상학적 인식의 제1원리에 관한 새로운 해명(Principiorum primorum conitionis metaphysicae nova dilucidatio)」이라는 교수자격 논문을 제출하고 사강사(magister legens), 오늘날로 말하면 시간강사가 되었다. 교수자격을 취득한 후 칸트는 대학에서 논리학, 형이상학, 물리학, 수학 등을 강의하였다. 그의 강사생활은 일주일에 16시간이나 강의를 할 만큼 힘든 노동이 요구되었으며, 경제적 이유 탓에 일주일에 20시간 넘게 강의를 한 적도 있었다. 힘든 강의에도 불구하고, 칸트는 연구와 강의에 전념하였고, 아울러 그는 강의에서 교습뿐만 아니라 학생들과의 토론도 병행하였다. 특히 칸트는 철학을 가르칠 수 있다고 생각하지 않았으며, 어디까지나 철학함만을 가르칠 수 있다고 생각하였다. 다시 말하면 칸트는 자신의 강의에서 편견 없이 비판적으로 사고하는 것을 가르치고자 하였고, 이를 통해 학생들이 스스로 생각할 수 있고, 스스로 탐구할 수 있으며 나아가 스스로 설 수 있기를 바랐다. 그래서인지 칸트의 수업은 학생들로부터 많은 호응을 얻었으며, 그 다음해부터 칸트는 자연법, 도덕, 자연신학, 인간학, 자연지리학 등 다양한 과목의 강의를 하였다.

당시의 명성에도 불구하고, 칸트는 1755년부터 1770년 논리학과 형이상학을 담당하는 철학 교수직을 얻기까지 15년간 사강사 신분으로 지냈다. 크누첸의 사망으로 인해 공석이었던 교수직을 얻으려는 그의 노력은 결실을 맺지 못했고, 몇 년 뒤 논리학 및 형이상학의 교수직을 얻고자 했던 노력 역시 결실을 맺지 못했다. 1764년에 칸트는 시학(Dichtkunst) 교수직을 제안 받았으나 이내 거절한다. 왜냐하면 시학교수가 하는 일은 왕의 대관식 혹은 생일 축가 등 왕에게 보낼 서신을 작성하는 것이었고, 그런 일은 자신이 할 일이 아니라고 생각했기 때문이다. 1766년에 비로소 칸트는 정규 급여를 받는 왕립 궁정도서관의 제2관리인 직(하급 도서관 사서)을 얻었지만, 1772년에 그만둔다. 높은 학문적 성과와 교육적 열정에도 불구하고, 그는 교수직을 얻기 위해 1770년까지 기다려야 했다. 1770년에 수학 교수직이 새롭게 마련되고, 그 자리는 지금까지 논리학과 형이상학을 담당하던 교수가 맡기로 하였는데, 결국 당시 46세였던 칸트가 그 교수직을 맡게 되었다.

칸트에 따르면 인간의 근본적 문제들에 이성적인 관심이 표현되어 있는 한 진정한 철학은 인간의 근본적인 문제들을 향한다. 이러한 인간의 근본적 문제들은 유명한 세 가지 물음으로 기술되는데, 첫째는 '나는 무엇을 알 수 있는가?'이고, 둘째는 '나는 무엇을 해야 하는가?'이며, 셋째는 '나는 무엇을 희망해도 되는가?'이다. 그는 이러한 물음들을 토대로 그의 나이 57세에 인간의 인식의 문제를 다룬 『순수이성비판(Kritik der Reinen Vernunft)』(1781)과 인간의 자유의 문제를 다룬 『실천이성비판(Kritik der Praktischen Vernunft)』(1788)을, 그리고 인식과 자유, 즉 이론과 실천을 매개하면서 미와 목적의 문제를 다룬 『판단력비판(Kritik der Urteilskraft)』(1790)을 세상에 내놓았다. 특히 그의 도덕 철학의 전 체계는 『순수이성비판』(1781)이 출판되고 난 4년 후인 1785년에 『도덕형이상학정초(Grundlegung zur Metaphysik der Sitten)』를 다시 3년 후인 1788년에 『실천이성비판』을 그리고 1797년에 『도덕형이상학(Die Metaphysik der Sitten)』을 세상에 출간함으로써 비교적 완성단계에 접어들었다. 물론 이들 저서 외에 『순수한 이성의 한계 내에서의 종교(Die Religion innerhalb der Grenzen der bloβen Vernunft)』(1793), 『실용적 관점에서 본 인간학(Anthropologie in pragmatischer Hinsicht)』(1798), 『교육학 강의(Über Pädagogik)』(1802) 등도 그의 윤리학의 모든 체계를 이해하는 데 중요한 저서들이다.

칸트는 여러 번 소속 학부의 학장직을 맡아 그 역할을 수행하였으며, 1786년과 1788년 이렇게 두 번에 걸쳐 쾨니히스베르그 대학의 총장을 역임한다. 규칙적이고 단조로운 칸트의 생애 가운데 주목할 만한 에피소드로, 1792년에 그는 검열당국과 갈등을 겪는다. 좀 더 자세하게 말하면, 『베를린월보』에 게재된 그의 종교철학 논문인 「인간 본성상의 근본악에 관하여」의 후속편은 「인간을 지배하기 위한 선한 원리와 악한 원리의 싸움에 관하여」라는 논문인데, 이 논문이 검열당국의 허가가 나지 않아 인쇄가 거부된 일이 발생했다. 그러나 칸트는 검열당국에 의한 논문의 인쇄 거부 상황에 당황하지 않고 종교관련 주제 논문 4편을 모아 한 권의 책으로 출판하기로 결심한다. 칸트는 4편의 논문을 한 권의 책으로 출판하는 것이 근원적인 해결이라고 보았고, 그래서 이 책의 원고를 쾨니히스베르그 대학의 신학부에 보내, 그 원고가 신학서적에 해당되어 신학서적에 맞는 검열이 필요한지, 아니면 철학서적에 해당되어 철학서적에 맞는 검열이 필요한지를 문의하고자 하였다. 결국 그는 인쇄허가와 관련하여 이 책이 신학의 영역에 속하는지를 신학부에 문의하였으나, 신학부의 답변은 그 저작이 신학부의 소관이 아니라는 것이었다. 칸트는 신학부에 문의했던 자신의 원고가 철학서적에 해당하여 철학서적에 맞는 검열이 필요하다는 판결이 나오자마자 이 원고의 출판 장소를 예나대학교 출판부로 정함과 동시에 예나 대학의 철학부 학장에게 문의하여, 그 저작에 대한 인쇄 허가를 얻어냈다. 이런 과정으로 인해 출판된 저작이 바로 앞서 언급한 『순순한 이성의 한계 내에서의 종교』(1793)이다. 그런데 칸트는 1794년 프리드리히 빌헬름 Ⅱ세의 칙령에 의해 견책을 받는다.

▶ 칼리닌그라드 칸트 대학의 칸트 동상[1]

---

[1] 제2차 세계대전이 끝나고 쾨니히스베르크는 소련의 칼리닌그라드가 되고, 쾨니히스베르크 대학은 칼리닌그라드 대학으로 학교 이름이 바뀌었다. 2005년 러시아의 푸틴 대통령과 독일의

이후 칸트는 쾨니히스베르그 대학의 강의활동에서 점차 물러나기 시작했으며, 그의 마지막 강의 시기는 1796년 여름이었는데, 그의 마지막 강의명은 '논리학'과 '자연 지리학'이었다. 삶의 마지막 시기에 칸트는 정신적으로 또는 육체적으로도 많이 힘들어 했기 때문에, 당시의 그는 지금까지 자신이 쌓아왔던 명성과 권위를 조금씩 조금씩 떨어뜨릴 수밖에 없었다. 칸트 역시 자신의 훌륭한 기억력을 비롯한 왕성한 정신의 활동이 예전에 비해 좋지 않다는 사실을 잘 알고 있었다. 그래서 그는 1798년 9월 그라페(Grave)에게 보낸 편지에 자신의 정신적 능력의 노쇠화를 다음과 같이 표현했다. "잘은 모르겠지만 나에게 죽음의 그림자가 찾아오고 있는 것 같습니다. 당신에게는 아직까지 고통이 없으시길 바랍니다. 당신이 정신적인 활동에 대한 생각을 떨쳐 버린다면, 신체적인 것은 굉장히 편안한 상태일 것입니다. 방법과 목적이 동시에 관계하는 나의 모든 철학에 해당하는 것이 내가 보기에는 막바지에 이른 것 같습니다. 그러나 내가 이 과업을 이행할 수 있다는 것을 잘 알고는 있지만, 여전히 이 과업은 끝나지 않은 채 내 앞에 놓여있습니다."[2]

다른 사람들은 거의 알아차리지 못했던 칸트의 노쇠현상은

슈뢰더 총리가 참석한 자리에서 이 학교의 이름은 '칼리닌그라드 대학'에서 '칸트 대학'으로 변경되었다. 그래서 현재 대학명은 칸트 대학이다.

[2] K. 포르랜더/서정욱 옮김, 『칸트의 생애와 사상』(서울 : 서광사, 2001), 261~262쪽.

▶ 칸트 박물관에 전시되어 있는
칸트의 외출복

그의 말년 친구이자 교회집사였던 봐지안스키(Andreas Christoph Wasianski)에 의해 알려졌다. 칸트는 봐지안스키에게 "나의 친구여, 나는 늙고 약해서 당신은 어린이 다루듯이 나를 다루어야 할 것입니다"[3]라고 말했다고 한다. 칸트는 삶의 마지막 시기에도 전 생애동안 한결같이 유지해왔었던 엄숙하고 예의 있는 삶의 태도를 보이기 위해 노력했는데, 예를 들면 칸트는 죽기 나흘 전에도 자신을 진료하러 온 의사를 일어서서 맞이했다고 하며, 의사에게 인사를 한 후에도 그 의사가 앉기 전까지 여전히 서 있었다고 한다. 이러한 칸트의 모습에 대해 봐지안스키는 다음과 같이 말했다. "의사가 그에게 앉도록 권했다. 칸트는 당황해서 불안해하며 머뭇거렸다. 나는 왜 칸트가 그에게 힘겨울 뿐만 아니라 그의 남은 기력을 모두 빼앗아 갈 만큼 힘들지만 서 있는 자세를 바꾸지 않고 머뭇거리는가, 그 진정한 이유를 헤아릴 만큼 그의 사고방식을 잘 알고 있었다. 나는 의사에게 그 참된 이유,

---

[3] K. 포르랜더/서정욱 옮김, 『칸트의 생애와 사상』, 262쪽.

즉 칸트의 섬세한 사고방식과 점잖은 태도를 일러주고, 만약 내방객인 그가 먼저 자리에 앉으면 칸트가 곧 뒤따라 앉을 것이라고 말해주었다. 의사는 이 설명을 곧이듣지 않는 듯이 보였으나, 이내 칸트가 온 힘을 모아 힘겹게 '저는 인간다움을 위한 감정을 아직 잃지 않았습니다'고 말했을 때, 그는 내 말이 진실임을 깨닫고 눈물을 글썽였다."[4] 1804년 2월 11일 봐지안스키는 칸트의 곁에 머물면서 그와 마지막 밤을 보냈다. 자정이 지나자 갈증을 호소하던 칸트는 아주 가느다란 목소리로 이렇게 말한다. '좋다(Es ist gut).' 이것이 그의 마지막 말이었으며, 봐지안스키는 칸트가 죽음의 문턱을 넘어서는 순간에 대해 이렇게 말한다. "1804년 2월 12일 새벽 3시 45분 그는 목전에 다가온 자신의 죽음을 똑바로 맞으려는 듯, 자신의 몸을 가장 정상적인 자세로 누이고 미동도 하지 않은 채 죽음에 임했다."[5]

자신의 마지막 삶을 마무리하는 순간에서도 칸트는 경건한 삶의 자세를 의연하게 보여준다. 그의 이와 같은 모습은 단지 타고난 것이라고 볼 수 없으며, 칸트에게서 엿볼 수 있는 경건하고 엄숙한 삶의 태도는 여러 요인들로부터 나온 것이라

---

[4] A. Hoffmann 편, *Immanuel Kant, Ein Lebensbild nach Darstellungen der Zeitgenossen Jachmann, Borowski, Wasianski*(Halle, 1902), 425면F. 키울바하/백종현 옮김, 『칸트 비판철학의 형성과정과 체계』(서울 : 서광사, 1992), 22쪽.

[5] A. Hoffmann 편, *Immanuel Kant, Ein Lebensbild nach Darstellungen der Zeitgenossen Jachmann, Borowski, Wasianski*(Halle, 1902), 425면F. 키울바하/백종현 옮김, 『칸트 비판철학의 형성과정과 체계』, 22쪽.

▶ 칼리닌그라드에 있는 대성당과 칸트의 묘소 안내판

고 짐작할 수 있지만, 특히 여러 요인들 중 가장 큰 영향력을 발휘한 것은 다름 아닌 늘 경건하고 엄숙하게 살고자 했던 부모님의 삶의 방식일 것이다. 자식에 대한 부모의 사랑이 얼마나 대단한지는 어느 시대를 막론하고 상당히 중요한 문제이다. 흔히 우리는 사랑을 받지 못하면 사랑을 줄 수 없다고 말한다. 보다 상세히 말하면, 한 사람이 다른 사람을 사랑한다는 것은 생각만큼 쉽게 이루어지지 않는다. 우리가 다른 사람을 사랑하려면 부모나 형제 및 친구로부터 사랑을 많이 받아보아야 하고, 그래야만 우리는 사랑을 받은 만큼

▶ 칸트의 묘비

다른 사람을 더 사랑할 수 있다. 칸트 역시 부모님으로부터 많은 사랑과 배려를 받아왔고, 특히 자신의 어머니에 대해 다음과 같이 얘기한다. "나는 결코 어머니를 잊을 수 없다. 무엇보다 그 분은 선(善)에 대한 첫 번째 씨앗을 나에게 심어 주셨고, 가꾸어 주셨다. 그 분은 나

의 가슴을 자연에 대한 감명으로 열어 주셨다. 그 분은 나의 이해력을 깨워 주셨고, 내가 계속 발전 할 수 있도록 방법을 가르쳐 주셨다. 그리고 그 분의 가르침은 내 생애에서 무엇보다 유익한 방법으로 해결할 수 있도록 영향을 주셨다"[6]라고 말한다.

그리고 칸트는 부모님에 대한 자신의 입장을 크게 두 가지로 얘기하기도 한다. 하나는 부모의 집에서 자랄 수 있도록 한 것과 다른 하나는 노동자인 부모가 자식을 교육받도록 한 것이다. "한 번도 나는 내 부모님으로부터 예의에 벗어난 말을 들은 적이 없었고, 품위나 위엄을 손상시키는 행동을 보지 못했다. (…) 정직하시고 도덕적으로 예의바르시며 도덕적 법규를 마치 법과 같이 생각하고 생활하신 노동자 집안사람으로서 나의 부모님은 아무런 재산도, 역시 마찬가지로 어떠한 빚도 남기지 않았고, 단지 가정교육만을 철저히 시켰습니다. 특히 도덕적인 면을 강조하셨는데, 그 교육은 어떠한 것보다 좋은 방법이었고, 내가 살아가면서 늘 기억할 때마다 감사하는 마음에 항상 황송할 뿐입니다."[7] 이런 칸트의 말을 곰곰이 들여다보면, 그가 늘 옷차림과 머리모양을 단정하게 하였으며, 다른 사람들과의 관계에서도 조심성을 염두에 두고 행동하는 사람이었다는 사실이 이상할 것도 없다. 이런 그의 모습을 떠올리면서 그의 묘비에 새겨져있는 유명한 『실천이성비

---

[6] K. 포르랜더/서정욱 옮김, 『칸트의 생애와 사상』, 21–22쪽.
[7] K. 포르랜더/서정욱 옮김, 『칸트의 생애와 사상』, 20쪽.

판』의 문구는 우리의 가슴에 진정으로 와 닿는다. "내 마음을 늘 새롭고 더 한층 감탄과 경외심으로 가득 채우는 두 가지가 있다. 그것은 내 위에 있는 별이 빛나는 하늘과 내 마음 속에 있는 도덕 법칙이다(Zwei Dinge erfüllen das Gemüt mit immer neuer und zunehmenden Bewunderung und Ehrfurcht, je öfter und anhaltender sich das Nachdenken damit beschäftigt: Der bestirnte Himmel über mir, und das moralische Gesetz in mir)."[8]

▶ 칸트 묘소의 변화과정(시계방향)

---

[8] I. Kant, *Kritik der Praktischen Vernunft*, Wilhelm Weischedel(Hg.), Werkausgabe(Bd. 6, 5. Aufl, Frankfurt, 1982), 300쪽.

2. 칸트 윤리학의 출발 :
진정한 도덕성에 눈을 뜨다*

　관계적 존재로서 인간이 다른 인간들과 관계를 맺으며 살아가는 삶의 과정은 매우 자연스러운 현상이지만, 인간의 삶만큼 수많은 문제들이 야기되는 곳은 없다. 물론 인간의 삶이 그저 나쁘기만 한 것이라고 비판하는 것은 아니다. 이 시대를 대표하는 과학, 기술, 의학 등의 발전으로 인해 우리의 삶은 과거 10년 전 더 가깝게는 5년 전과는 상당히 다른 방식으로 전개되고 있다. 통신매체의 성장은 과거 어느 때보다도 인간을 수많은 정보에 노출시켰으며, 그로 인해 우리는 그 정보가 진짜인지 가짜인지를 제대로 구분하지 못한 채 여러 정보들을 각자 자신들의 삶을 위해 수용하는 것마저 매우 버거워한

---

* 이 부분은 강영안의 『도덕은 무엇으로부터 오는가』, 김석수의 『칸트와 현대사회철학』, 김상봉의 『호모 에티쿠스』로부터 많은 도움을 받았다.

다. 그뿐인가 '스마트 좀비'라는 신조어가 등장할 정도로 사람들은 스마트 폰으로부터 벗어난 일상을 상상조차 하기 싫어하는 요즘, 스마트 폰에 의존된 삶은 고독한 군중이라는 말을 더욱 실감나게 한다. 이외에도 생명 연장에 대한 욕구, 정치적 갈등, 성장 중심의 경제정책, 종교의 권력화, 입시위주의 교육 등 수많은 사회적 문제들이 우리의 삶속에서 끊임없이 일어나고 있다. 이와 같은 인간의 삶의 조건 내지 환경은 삶의 주인공인 우리들을 상당히 어지럽게 만든다. 왜냐하면 시대의 진보에 따라 발생하는 문제들은 대부분 가치론적인 문제들, 다시 말해 도덕적인 관점에서 논의하고 해결해야 할 것들이기 때문이다. 굳이 아리스토텔레스의 표현을 빌리자면, 인간은 사회적 동물로서 다른 사람과 함께 살아가야 하는 관계적 존재이다. 그렇기 때문에 우리는 다른 사람과 관계를 맺으며 살아갈 수밖에 없고, 그 관계맺음 속에서 끊임없이 올바르고 선해야 한다는 도덕적인 요구로부터 자유로울 수 없다. 어떻게 보면 우리가 어떤 사람의 됨됨이, 다시 말해 어떤 사람이 인격적으로 훌륭하고 그래서 그를 존경할 만한지를 가늠하는 대표적인 기준은 바로 도덕성이라고 해도 과언이 아닐 것이다. 그만큼 한 인간에게 도덕적 자질과 도덕성은 자신의 삶에서 결코 간과해서는 안 될 매우 핵심적인 요소이다.

그런데 우리는 도덕성이 매우 중요하며 그 무엇에 의해서도 훼손되지 말아야 하는 중요한 가치라고 생각하지만, 실제

생활에서는 매순간 그 도덕성을 염두에 두고 실천하면서 살아가지 못한다. 물론 도덕적으로 행동하기보다는 비도덕적으로 행동할 가능성이 더 높다는 것이 인간의 일반적 경향이기 때문에, 현실에서의 도덕적 실천이 결여된 우리의 삶의 모습이 그리 낯선 것은 아닐 것이다. 그리고 인간의 비도덕적 경향과 관련해서도, 도덕성이 늘 인간의 삶을 풍성하게 만들어주지 못하기 때문이기도 하고, 동시에 우리는 자신의 행복을 위해 도덕적인 방식보다는 비도덕적인 방식으로 행위할 가능성이 더 크기 때문에 도덕성이 행복에 의해 배제될 수도 있다. 이런 상황에서 도덕성이라는 것은 시대, 지역, 언어, 문화 등에 따라 다른 상대적인 것 일수도 있고, 도덕성이라는 것 자체가 과연 존재하는지의 여부도 우리는 근본적으로 회의할수밖에 없다. 게다가 자유주의의 전통과 자본주의 체제의 견고한 결합으로 인해 대부분의 사람들은 자신의 행위가 도덕적인지에 신경을 쓰기보다는 법적인 문제가 있는지 없는지에 더 신경을 쓰며 심지어 도덕성에 그 어떤 가치도 부여하지 않으려고까지 한다. 사실 우리는, 정도의 차이는 있지만, 어려서부터 부모에 의한 보살핌과 더불어 교육 및 경제적 후원을 받으며 성장했다. 이성적 존재로서 우리는 교육의 과정에서 다양하고 많은 학문의 내용을 배우는데, 보다 구체적으로 말하면 우리는 수동적이고 기계적인 방식으로 삶의 지식이나 사실을 배우기도 하지만 능동적이고 반성적인 방식으로 삶의 지혜나 가치를 배우기도 한다. 후자의 관점에서 접근해보면, 가정에서는 부모님이 자녀에게 학교에서는 선생님이 학생에게 공통으로 가르치는 것은 '선하게 살고 남을 도우라는 것'이다. 그렇게 행위 하는 것이 다른 사람과 더불어 살아가는 것이며, 진정한 도덕적 가치를 실현하는 길임을 우리는 너무 잘 알고 있다. 하지만 우리는 교육을 통해 배운 내용과는 달리 선한 행위를 실천하지 않는 일상의 삶의 모습을 너무나 당연하게 여기고 있다. 간략히 말하면 머릿속으로는 선한 행동을 해야 한다고 생각하지만, 그 생각이 실천으로 반드시 이어지지 않는다는 것이 당연할 뿐만 아니라 자연스럽다고 여기는 삶의 태도를 많이 경험하고 있다는 뜻이다. 그렇지만 여전히 도덕성은 높은 가치를 지니고 있고, 그 가치로 인해 우리에게 많은 교훈과 삶의 의미를 제시해준다. 아프리카 남수단의 한센병 환자들을 치료하기 위해 봉사와 사랑 그리고 헌신적 삶을 살다간 故 이태석 신부님의 예에서, 평생을 교단에서 학생들을 인격적으로 성장할 수 있도록 가르친 어떤 선생님의 예에서, 가난하고 몸이 불편하지만 정직하고 선하게 살아가려는 이웃들의 모습에서 우리들은 늘 도덕성이 어떤 것인가를 확인하면서 살아가고 있다. 칸트 역시 바로 이러한 인간의 삶의 모습에 집중하였고, 인간이 안고 있는 수많은 도덕적 갈등과 어려움을 해소할 수 있는 길은 오로지 보편적이고 타당한 도덕성을 찾아내고 그 근거를 제시하는 것이었다. 이를

위해 그는 일상적이고 평범한 인간의 도덕적인 의식으로부터
출발해서 보편적이고 타당한 도덕성을 확립하고자 했는데, 이
런 그의 시도는 칸트 이전의 윤리학이 유지해 왔었던 내용과
는 근본적으로 다른 것이었다.

나는 원래 도덕 철학을 염두에 두고 있으므로, 앞서 제
기된 물음을 이렇게 한정한다. 즉 사람들이, 단지 경험적
인 것이고 그래서 인간학에 속하는 모든 것들을 완전히
털어낸 순수한 도덕 철학을 다루는 것이 매우 필요하다
고 생각하지 않을까 하는 물음이다. 왜냐하면 그런 순수
한 도덕철학이 있어야 한다는 것은 의무와 도덕 법칙이
라는 이념이 [모든 사람에게] 공통적이라는 것만 보더라
도 분명하기 때문이다. 어떤 법칙이 도덕적으로, 즉 어떤
구속력의 근거로 유효하려면 절대적 필연성을 띠고 있어
야만 한다는 것은 명백하다.[9]

냉정하게 얘기하면, 칸트 이전의 윤리학은 순수한 의미의
도덕이라고 할 수 없다. 왜냐하면 그 당시 '선이란 무엇인가?'
와 관련하여 나온 답변은 대개 행복과 같은 좋은 것이었고,
그래서인지 우리가 흔히 말하는 선은 좋음과 뒤섞여 있었던
탓에, 도덕에 대해 인간이 가지는 관심은 늘 행복에 대한 관

---

[9] 임마누엘 칸트, 이원봉 옮김, 『도덕 형이상학을 위한 기초 놓기』, 책 세상, 2002, 17–18쪽.

심과 결부되어 있었기 때문이다. 실제로 이런 맥락에서 칸트는 아리스토텔레스의 윤리학을 수단적 의미의 윤리이론 혹은 행복의 윤리라고 지적하기도 한다. 이렇듯 칸트 이전의 윤리학은 존재의 탁월함 혹은 완전함, 행복과 쾌·불쾌의 감정 등과 밀접하게 관련되어 있어서인지 엄밀한 의미의 도덕성에 주목하지 못했다. 물론 이러한 윤리학의 중심테제의 흐름은 인간의 삶에서 가장 좋은 것은 무엇인가를 물었던 소크라테스로부터 시작되었고, 이러한 물음의 시작이 이후의 윤리학 전개에 지대한 영향을 끼쳤다고 생각하는 것은 무리는 아니다. 분명한 것은 칸트 이전의 윤리학은 도덕성이 지닌 그 자체의 의미에 비교적 주목하지 않았다는 점이다. 그 이유는 당시 사람들의 삶의 방식에서 알 수 있는데, 보다 구체적으로 본다면 '인간이 선하게 살아야 하는 이유'라든가 아니면 '지식이란 무엇인가' 또는 '진리란 무엇인가'라는 물음과 관련이 있다. 당시의 인간은 자신의 판단의 기준을 자신 안에서 마련하지 못하고 대부분 자신의 바깥에서 인정되고 수용되는 행위의 기준—자연의 법칙·공동체 내의 관습·행복의 추구·신의 섭리·도덕 감정—을 수용한 후 그 기준을 토대로 지식, 진리, 선한 행위가 무엇인지를 판단하였다. 쉽게 말하면, 인간이 선하게 산다는 것은 행위의 주체인 인간이 스스로 정한바대로 행동하며 선하게 살아가는 것이 아니라 이미 선하게 살아가는 기준이 마련되어 있어서 그 기준을 기계적으로 수용하고 준수하면서 살아간다는 의미이다. 예를 들어 인간이 선하게 사는 이유는 행복을 원하기 때문이라는 것과 같다. 이런 의미에서 보면 인간은 행복을 위해서 도덕적으로 행동하는 것, 즉 선을 위해 행동하는 것이고, 그렇게 행동하는 것은 결국 행복을 위한 것이라는 뜻이 된다. 행복을 위한 인간의 도덕적 행위는 결국 타율적이라는 것인데, 문제는 타율이 순수한 의미의 도덕, 다시 말하면 보편적이고 타당한 도덕의 근거가 될 수 없다는 점이다. 왜냐하면 보편타당한 도덕성의 원천은 바로 자율, 소위 인간이 지닌 의지의 자기 입법성－누가 시켜서가 아니라 스스로 도덕적인 행위를 하고자 하는 의지－에 놓여있기 때문이다. 이처럼 칸트는 보편적이고 타당한 도덕성의 근거를 언제 어디서든 예외 없이 적용되는 법칙을 토대로 확립하고자 하였다.

보다 더 쉽고 구체적으로 접근해보도록 하자. 길을 가고 있는 두 사람에게 "당신은 왜 도덕적인 행동을 합니까?"라는 질문을 했다고 가정해보자. 이 질문에 대해 한 사람은 이렇게 대답할 수 있다. 내가 도덕적으로 행동을 하는 이유는 행복해지기 위해서라고. 이 말을 자세히 들여다보면 내가 추구하는 선은 행복으로, 그런 행복을 위해서는 도덕적인 행동이 반드시 요구되고, 그런 요구를 충족하기 위해서는 당연히 도덕적으로 행동해야 하기 때문이라는 것이다. 또 다른 한 사람은 자신이 도덕적으로 행동을 해야 하는 이유는 그렇게 행동하는 것이 하나의 의무이자 인간인 이상 해야만 하는 일이기 때문이라고 한다. 다시 말하면 솔직히 도덕적으로 행동하기 싫은 마음이 자신 안에 자리하고 있지만, 그런 마음이 있음에도 불구하고 의무를 이행하는 것이 인간으로서 해야 할 도리라면 당연히 해야 한다는 의미이다.

여기서 우리는 "당신은 왜 도덕적인 행동을 합니까?"라는 질문에 대한 두 사람의 답변들 간의 차이를 발견할 수가 있다. 그것은 과연 무엇일까요? 첫 번째 사람의 대답은 어떻게 보면 우리가 할 수 있는 자연스러운 답변처럼 여겨진다. 그래서인지 그 답변을 좀 더 꼼꼼하게 들여다보지 않으면, 첫 번째 사람이 답변한 내용으로부터 우리가 제기할 수 있는 근본적인 의문을 발견할 수 없을지도 모른다. 왜냐하면 인간이 행복을 추구하고자 하는 것은 자연스럽고 본성적인 욕구이고, 이렇게 볼 때 인간이 도덕적 행위를 통해 행복을 추구하는 것은 너무도 당연한 것처럼 보이기 때문이다. 그렇다면 우리는 첫 번째 사람의 답변에서 어떤 의문을 발견할 수 있을까? 그것은 바로 다음과 같다. "과연 인간이 행복을 위해서 도덕적으로 행동한다는 것이 그 자체로 가치 있는 일인가? 혹은 도덕이 행복에 대한 수단적 의미 또는 종속적인 의미로 전락할 수 있는가?" 말하자면 인간이 도덕적으로 행동하는 것은 어디까지나 행복해지기 위해서라는 의미이다. 이런 관점에서 보면 인간이 도덕적으로 행위 하려고 하는 가치는 어디까지나 행복에 놓여있어서, 도덕성에게는 행복에 놓여있는 것과 같은 동일한 가치를 부여할 수가 없다. 왜냐하면 우리가 행복을 위해 도덕적인 행동을 하는 것은 도덕적 강제가 거의 없는 자연스러운 일이지만, 행복이 아니라 도덕성 그 자체를 위해 도덕적으로 행동하는 것은 도덕적인 강제를 수반할 뿐만 아니라 행위의 주체인 행위자를 고통스럽게 만들기 때문이다. 여기서 바로 우리는 다음과 같이 물을 수 있다. 행복에 의존하는 행위가 진정한 도덕적 가치를 지니지 않는다면, 과연 어떤 행위가 진정한 도덕적 가치를 지니는가?

그럼 두 번째 사람의 답변을 살펴보도록 하자. 두 번째 사람의 답변은 첫 번째 사람의 답변과는 분명한 차이를 보인다. 우리가 도덕적으로 행동하는 것은 그렇게 행동하는 것이 나의 행복을 위한 것이 아니라 나의 의무이기 때문이다. 사실 오늘날 많은 사람들은 먹고 살아가는 문제로 인해, 우리가 교육을 통해서건 혹은 살아가면서 실천적으로 배운 것이든 간에, 가치 있다고 생각하는 일과 행동들을 마음먹은 대로 실천하기 어려운 상황에 처해있다. 이런 현실적 상황을 고려할 때, 자신이 살아가야 하는 문제보다 남을 돕는 일이 인간으로서 당연히 해야만 하는 의무이기 때문에 남을 돕는 행위를 과연 생각처럼 쉽게 실천할 수 있을까? 물론 쉽지 않다. 더욱이 우리가 이성이 명령하는 도덕적 요구에 따라 행동하는 것은 도덕적 요구에 따라 행동하지 않을 때보다 우리에게 더 강한 의지와 인내를 요구하기도 한다. 하지만 우리는 도덕적인 요구에 따라 행동한 사람이 인격적으로 혹은 사회적으로 상당히 높게 평가받는다는 사실을 너무도 잘 알고 있다. 따라서 진정한 도덕적 가치를 지니는 행위는 행복과 같은 무언가를 바라고 하는 행위에 있다고 보기는 어렵다. 또한 우리가 그 무언가를 바라지 않고서 도덕적으로 행위 하는 것이 인간으로서 해야만 하는 일이라는 생각을 행위를 통해 실천할 때, 인간의 도덕적 행위는 더욱더 그 가치가 높아진다. 칸트가, 행복에 주안점을 둔 아리스토텔레스와는 달리, 주목한 것은 바로 도덕적 당위와 강제로서, 도덕적 당위는 무조건적인 요구로서 우리에게 명령의 형태로 전달 될 뿐만 아니라 강제의 의식으로 나타난다.

물론 앞서 언급한 내용과는 다른 관점에서의 내용들이 있을 수 있지만, 크게 두 가지 관점에서 보면 왜 칸트가 진정한 도덕성에 주목하였는지, 다시 말하면 진정한 도덕적 가치를 지닌 행위가 어떤 행위인가를 왜 궁금해 했는지 알 수 있다. 인간이 동물과 다른 점은 생각하는 능력을 지니고 있다는 사실이며, 이러한 사실은 일반적으로 잘 알려져 있다. 그런데 생각한다는 것은 인간이 자신의 삶을 단순히 본능적으로만 생각한다는 것을 의미하지는 않는다. 보다 구체적으로 말하면, 우리는 왜 사는지, 무엇 때문에 사는지 그리고 어떻게 살아가야하는지를 끊임없이 물으며 살아간다. 특히 인간은 유한한 존재, 달리 말해 죽음을 피할 수 없는 존재이기 때문에 우리는 죽기 전에 전 생애동안 의미 있는 삶을 살고자 하며, 그 의미 있는 삶의 중심에는 도덕성이 자리하고 있음을 알게 된다. 흔히 인간을 존엄한 존재 또는 무한한 가치를 지닌 존재라고 일컫는데, 그것은 바로 우리가 도덕적 존재일 뿐만 아니라 우리 안에 도덕 법칙이 존재하기 때문이다. 특히 우리가 다른 사람과 사회 속에서 관계를 맺고 살아가는 존재임을 고려한다면 선한 가치를 토대로 도덕적으로 살아가는 것은 누가 명령하거나 시킨다고 해서 실현가능한 일은 아니다. 도덕적 행위라는 것 역시 행복을 위해서건 욕구를 위해서건 그 무엇에 대한 수단적 의미로 행해질 때는 그 자체로 가치 있다고 보기 어렵다. 우리의 행위에 있어서 도덕성 내지 도덕적 가치가 행복에 대해 수단적으로만 기능할 경우, 그런 도덕적 행위는 어디까지나 상대적일 수밖에 없다. 도덕성이 상대적이라고 하는 것은 위험할 뿐만 아니라 도덕성이 지닌 최고의 가치를 왜곡할 가능성 역시도 크다. 그래서 칸트는 행복을 위한 도덕적 행위는 진정한 도덕적 가치를 지니지 못한다고 보았으며, 진정한 도덕적 가치는 언제 어디서나 인정될 수 있는 보편적인 것이어야 한다고 생각하였다.

앞서 설명했듯이, 칸트가 자신의 윤리학적 체계를 확립하기 이전까지 기존의 윤리학은 도덕성의 원천을 자연의 질서, 집단 혹은 공동체 내의 관례, 행복에의 열망, 신의 섭리, 도덕 감정 등에서 찾았다. 도덕성의 원천을 이러한 요소들에서 찾는 것은 칸트가 주장하는 도덕성의 자격요건을 갖출 수가 없다. 왜냐하면 도덕성은 객관적으로 타당해야 하는데, 당시의 도덕성의 원천으로 여겨지는 것들은 상대적이고 주관적일 수 있는 것으로 간주되기 때문이다. 말하자면 우리가 어떤 이론을 예외 없이 수용할 수 있는 것은 보편적이고 타당한 객관성 때문인 것처럼, 실천과 관련된 도덕성 역시 우리 모두가 인정하고 수용할 수 있기 위해서는 보편적이고 타당한 객관성을 토대로 해야 한다. 인간의 도덕적 행위는 결국 행위자 자신이 실제로 행동으로 옮겨야만 가능하며, 이 때 그 행위는 의지의 자기입법성인 자율에 있을 수밖에 없다. 세부적으로 말하면 도덕적으로 행동하는 사람은 자율적으로 행동하는 사람, 다시 말하면 자신의 본분에 입각해서 스스로 법칙을 제정할 수 있고 그에 따라 자율적으로 행동할 수 있는 사람이다. 하지만 인간이 실제로 자율적이기 위해서는 반드시 자신의 자율성에 따라 반드시 행위 해야만 한다. 그러므로 도덕적으로 행동하려는 사람은 도덕적 행위의 기준이 되는 법칙을 스스로가 세울 수 있도록 요청받는다. 자율은 자유와 같은 것을 의미하는데, 우리가 자율적으로 행위 한다는 것은 누군가가 시켜서가 아니라 예를 들면 행복, 거대한 자연의 질서 때문에 행위 한 것이 아니라 스스로가 입법한 법칙을 토대로 행위 해야겠다는 의지에 따라 행위 하는 것을 뜻한다. 실제로 근대 이전의 인간에게는 오늘날과 같은 온전한 자유의 행사가 신분제라는 질서에 예속되었던 다수의 인간에게 부여되지 못했었다. 이런 점에 비추어 보더라도 근대시기 이후의 인간을 이해하기 위한 핵심적인 키워드는 바로 자유이며, 이 자유야말로 자율과 같은 것으로서 칸트의 철학을 이해하는 데 있어서 아주 중요한 개념이다. 또한 칸트 이전까지 도덕성의 핵심을 자연의 질서, 행복에의 열망, 신의 섭리, 도덕 감정 등에서 찾았다고 하는 것은 어디까지나 인간이 자신의 자유를 온전하게 행사하지 못한 상황에서 인간으로 하여금 이러한 것들에 따라서만 도덕적인 행위를 해야 한다는 의미를 담고 있다. 따라서 칸트와 동시대 또는 그 이전 시기에서 인정되고 통용되었던 인간의 도덕적 행위는 진정한 자율성의 토대위에서 전개된 행위라 볼 수 없으며 그 도덕적 행위가 도덕성 그 자체에 주목하여 산출되는 행위도 아니다.

행위의 목적이 무엇이든 또는 행위의 속성이 자율적이든 타율적이든 간에, 인간은 행위 하지 않을 수 없는 존재이며, 인간의 행위는 다른 인간과의 관계를 형성해나가는 기본 틀이기도 하다. 어쩌면 관계로부터 벗어나 살아가는 것이 더 어려운 것이 현실 세계의 모습이며, 이런 현실적 세계의 어려운 조건 속에서 우리는 다른 사람들과의 관계를 최소화한다고 하지만 그럼에도 크고 작은 많은 문제들을 마주하며 살아간다. 우리가 안고 있는 여러 문제들은 크게 두 가지로 나눌 수 있는데, 하나는 법적인 것들이고, 다른 하나는 도덕적인 것들이다. 하지만 기묘하게도 무엇 때문인지 실증적으로 알 수는 없으나 대부분의 사람들이 법적인 문제에 더 신경을 쓰는 탓에 도덕적인 문제는 늘 뒷전에 머물러 있다. 증명도 불가능하고 명확한 답을 내려주지 않아서인지는 모르겠지만, 수많은 학자들이 그토록 논쟁을 거듭해왔던 도덕의 문제는 여전히 남아있는 상황이다. 그래서인지 어떤 사람들은 도덕적 논의나 합의는 원천적으로 불가능하다고 보는 이들도 있다. 이러한 현상은 그만큼 인간의 삶에서 도덕이 차지하는 부분이 크다는 반증이기도 하다. 우리가 일상적 삶에서 쉽게 확인할 수 있고 또 존경해 마지않는 도덕성은 늘 우리의 삶 가까이에 있다. 그러므로 칸트가 자신의 윤리학의 토대와 출발을 도덕성, 그것도 그 무엇에 의해서도 왜곡되거나 최소화될 수 없는 보편적인 도덕성으로 삼은 것은 너무도 당연한 결과이다. 물론 도덕성을 현대의 과학과 기술의 영역에서 인정되는 방법으로 증명할 수 없다. 그렇다고 해서 우리가 도덕성의 존재 자체를 부인할 수는 없으며, 오히려 우리가 너무도 자연스럽게 알고 있는 도덕적 의식으로부터 시작해서 진정한 도덕성의 토대가 무엇인지를 확인하면 된다. 바로 여기에 칸트 윤리학의 새로운 토대가 놓여 있으며 오늘날까지 그가 단지 역사속의 한 인물로만 머물러 있지 않는 이유이다.

　이성적 존재로서 인간은 존엄성을 가진 소중한 존재인 반면에 전 지구적 아니 더 넓게는 우주적 관점에서 본다면 생물학적 존재로서 인간은 먼지와 같은 존재이다. 그럼에도 우리가 존엄한 존재로서 자신의 가치를 드높일 수 있는 방법은 어디까지나 인격적이고 도덕적인 삶에의 추구이다. 사실 우리는 스스로를 이성적인 능력을 토대로 균형과 조화의 방식으로 유지하지 못하고, 늘 무한한 욕망과 갈등, 감정적인 것과 이성적인 것 사이의 갈등을 겪으며 살아간다. 따라서 칸트가 자신의 철학, 특히 그의 윤리학에서 통일성과 전체성이라는 균형과 조화를 추구하는 것은 매우 중요할 수밖에 없다. 쉽게 말하면 나와 같은 사람은 세상 어디에도 없으나, 우리는 늘 나와 같은 사람을 찾고자 하고 심지어 다른 사람에게 나와 동일한 방식으로 말과 행동을 기대한다. 과연 이런 기대가 현실에서 가능할지는 의문이다. 다만 본성을 지닌 생물학적 존재로서는 어렵겠지만 이성적인 존재로서는 가능할지도 모른다. 이런 맥락에서 칸트는 보편적이고 타당한 객관적 통일성의 근거를 수많은 경험적 사실로부터 찾지 않고 경험적 사실을 구성하는 법칙에서 찾았다. 그래서 법칙은 보편적이고 타당한 속성으로 인해 자연에서 발생할 수 있는 현상들을 자연법칙이 통합할 수 있듯이, 인간의 내면에서 일어나는 갈등과 대립들 역시 도덕 법칙이 통합할 수 있다. 칸트는 이러한 생각을 토대로 인간의 행복 및 쾌락의 추구가 도덕적인 삶을 근본적으로 규정짓는 기준이 될 수 없다고 보았고, 그래서 도덕의 상대화 및 왜곡을 초래할 수 있는 윤리적 경험주의를 단호히 거부한다.

> 따라서 도덕 형이상학은 필연적일 수밖에 없다. 그 이유는 우리의 이성 안에 선험적으로 놓여있는 실천적 근본 법칙들이 어디서 나오는지 탐구하려는 이론적 사유가 움직이기 때문이기도 하고, 도덕을 올바르게 평가할 실마리와 최상의 규범이 없는 한 도덕 자체가 온갖 타락에서 벗어나지 못하기 때문이기도 하다. 도덕적으로 선하다고 할 만한 것은 '도덕 법칙에 맞는' 것으로는 충분하지 않고 '도덕 법칙을 위해서' 생겨나야 한다. 그렇지 않다면 도덕 법칙에 '맞는다는 것'은 아주 우연적일 뿐이고 의심스러운데, 때로는 도덕적이지 않은 근거에서 도덕 법칙에 맞는 행위가 일어나기도 하지만, 이렇듯 도덕적이지 않은 근거에서는 도덕 법칙에 어긋나는 행위가 더 자주 일어나기 때문이다. 그렇기 때문에 순수하고 참된(이것이야 말로 실천에서 가장 중요하다) 도덕 법칙은 오직 순수한 철학에서만 찾을 수 있으며, 그러므로 순수한 철학(형이상학)이 먼저 와야 하고, 그것 없이는 어떠한 도덕 철학도 있을 수 없다.[10]

칸트는 18세기 당시의 사회상 내지 시대상이 너무 혼란스럽고 인간의 존엄성뿐만 아니라 도덕적 기준들이 여실히 흔

---

[10] 임마누엘 칸트, 이원봉 옮김, 같은 책 19쪽.

들리고 있는 상황을 냉정하게 바라보았다. 그런 그의 시각으로부터 칸트가 다시 세우고자 했던 윤리학의 핵심은 도덕성 그 자체였으며, 이를 토대로 그는 의무의 윤리학을 주장한다. 물론 도덕성이라는 것이 실제로 있는지 또한 도덕성이라는 개념의 존재가 증명될 방법이 없다하더라도, 도덕성에 대한 우리의 태도는 늘 한결같다. 그리고 도덕성에 입각한 행위가 실제로 행위로 실천되지 않는다 하더라도 도덕성은 고귀한 빛을 잃지 않는다. 다시 말하면 도덕적 행위에 대한 요구는 인간에게 언제나 강제의 방식으로 다가올 뿐만 아니라 설령 인간이 도덕적으로 행위 하지 않는다 하더라도 도덕적 강제는 여전히 그 힘을 잃지 않고 유지한다. 그렇기 때문에 우리는 자신이 원하는 욕구나 경향성의 유혹을 극복하고 언제나 도덕적으로 행위 하는 사람에 대해서 한없는 존경심을 갖는다. 안타깝게도 칸트 이전까지의 윤리학은 그가 제시한 바 대로 순수한 도덕적 행위가 무엇인지에 주목하지 못했고, 어디까지나 자연의 질서, 집단의 선, 행복이나 신의 의지에 따라 좋은 삶을 사는 것이 선한 삶이라고 보았다. 따라서 칸트는 예외 없이 적용되는 법칙에 착안하여 인간의 인식 혹은 지식과 관련된 이론의 영역에서 보편성과 필연성이 요구되듯이, 인간의 행위와 관련된 실천의 영역에서도 보편성과 필연성을 가능하게 하는 조건을 탐구하였다. 이런 맥락에서 그는 도덕성 그 자체에 주목하여 도덕적 강제의 본질적인 의미와 가치가 무엇인지를 심도 있게 고민함으로써 순수한 윤리학, 소위 의무의 윤리학 또는 법칙주의 윤리학을 창시하였던 것이다.

앞서 밝힌 것에서 다음과 같은 사실이 분명해졌다. 모든 도덕 개념은 완전히 선험적으로 이성 안에 자리와 근원을 가지며, 가장 평범한 인간 이성이나 고도로 사변적인 인간 이성이나 다 마찬가지라는 것이다. 도덕 개념은 경험적인, 그래서 단지 우연적인 인식에서 뽑아낼 수 없다. 도덕 개념은 그 근원이 이렇게 순수하기 때문에[경험적이고 우연적인 인식에서 뽑아낼 수 없기 때문에] 존엄성을 갖고, 우리에게 최상의 실천적인 원칙이 된다. 사람들은 경험적인 것을 덧붙임으로써 언제나 그만큼 도덕 개념의 진정한 영향력과 행위의 무한한 가치를 빼앗게 된다. 그 도덕 개념과 법칙들을 순수한 이성에서 얻어내 순수하고 잡티 없이 제시하는 것, 바로 이 실천적인 또는 순수한 이성 인식 범위 전체를 결정하는 것은 단지 사변에만 매달리는 이론적인 의도에서는 필요할 뿐만 아니라 실천적으로도 매우 중요하다.[11]

인간은 존엄한 존재이므로, 어떤 상품이나 물건에 가격을 매기듯이, 인간에게 가격을 매길 수는 없다. 그 만큼 인간이라는

---

[11] 임마누엘 칸트, 이원봉 옮김, 같은 책 56~57쪽.

존재에게 부여되는 본질적 속성인 존엄성, 인격성, 인간성 등은 그 무엇에 의해서도 훼손될 수 없는 절대적 가치를 지닌다. 칸트가 선의지, 의무, 가언명령, 정언명령, 자율, 타율, 법칙, 준칙, 덕, 목적의 왕국 등의 개념들을 토대로 자신의 윤리학에서 보여주고자 했던 것은 바로 인간에게 부과된 절대적 가치를 지키려는 자율적 인간의 도덕적인 삶에 대한 무한한 신뢰이다. 이러한 신뢰 속에서 우리는 다른 사람과 더불어 살아갈 수 있고 또 살아가야 하며 나아가 선한 사회를 이룰 수 있다. 결국 칸트 윤리학은 우리들이 일상적으로 경험하는 도덕적인 생각이나 판단으로부터 출발해서 그런 도덕적인 생각과 판단의 근거를 행위의 동기 및 이유에서 찾는다. 또한 인간이 도덕 법칙에 대한 존경으로 말미암아 '의무에서' 행위 하기 위해서는, 다시 말해 인간으로서 당연히 해야 하는 의무를 이행하기 위해서는 무엇보다 인간이 자유로워야 함을 제시하고 있다. 그리고 자유로운 인간이 선한 공동체에 참여하고자 하는 도덕적인 관심으로 인해 비로소 우리는 우리의 도덕적 행위를 방해하는 행복해지고자 하는 유혹과 욕망을 물리치고 도덕적으로 행동할 수 있다고 그는 말한다. 그의 윤리학은 우리가 흔히 경험하는 도덕성 그 자체에 주목하여 현재 화두가 되고 있는 사회적 문제들을 극복할 수 있는 대안을 제시하고 있기 때문에, 공리주의, 공동체주의 윤리, 현대의 덕 윤리 등과 같은 윤리학적 시도들이 쉽게 무시해버릴 수 없는 윤리학의 모범을 보여준다.

3. 왜 선의지인가?*

우리는 다른 사람과의 관계에서 크고 작은 수많은 갈등과 충돌의 문제에 당면하기도 하는데, 이 경우에 일반적으로 해당 문제의 해결을 위해 이해 당사자 중 한 사람이 다른 한 사람에게 "무조건 내가 잘못했어"라고 얘기한다. 이런 표현은 남녀관계나 이익 및 손해와 관련된 일적인 문제에서 자주 등장하곤 하는데, 표현이 그렇다고 해서 상대방이 전혀 잘못이나 책임이 없다는 의미는 아니다. 다만 관례적으로 볼 때 이런 표현은 어떤 사람이 다

---

* 이 부분은 김상봉의 『호모 에티쿠스』, 랄프루드비히의 『쉽게 읽는 칸트-정언명령』, 페이튼의 『칸트의 도덕철학』으로부터 많은 도움을 받았다.

른 사람과 좋지 않은 현재의 관계를 해결하거나 극복하기 위한 노력의 일환으로 나온 발언일 뿐이다. 그러나 좀 더 분석해보면 의미는 달라진다. 왜냐하면 우리가 다른 사람과의 관계에서 발생하는 크고 작은 문제들이 어느 한쪽의 전적인 잘못으로부터 기인하는 경우를 발견하기란 현실적으로 어렵고, 또 해결을 위한 책임의 문제에서 우리는 언제나 갑론을박 할 수밖에 없기 때문이다. 무조건이라는 의미가 사전적 정의에 따라 이해되는 것이 아니라 언어적 의미의 맥락 속에서 통용되는 것이라면, 이 경우 '무조건'의 의미는 어떤 문제나 사태를 해결하기 위한 다양한 방법론적 의미의 기능을 할 뿐이다.

이와는 달리 칸트가 자신의 윤리학의 대표 저서인 『도덕형이상학정초』에서 기술하고 있는 '무조건적으로' 혹은 '무제약적으로' 선한 의지(Gute wille)는 그 무엇에 의해서도 선함에 대한 순수한 의미가 훼손되어서는 안 된다는 것을 뜻한다. 분명 이는 앞서 언급한 무조건의 의미와는 다른데, 그 이유는 인간의 도덕적 행위가 그 자체로 진정한 도덕적 가치를 가지기 위해서 행위자의 의지는 순수해야하며, 다른 어떤 요인에 의해서도 행위의 도덕적 가치가 훼손당해서는 안 되기 때문이다. 따라서 칸트가 말하는 '무조건적으로 선한 의지'는 우리가 사전적 정의에 따라 일반적으로 잘 이해할 수 있는 명확한 개념이며, 인간이 도덕의 원리에 따라 도덕적으로 행동할 수 있는 근거이자 그의 윤리학의 원천적인 출발점이다. 인간에게 선의지가 없다면, 그 인간은 도덕적인 소질도 없고 나아가 도덕적으로 살아갈 수도 없다. 달리 말하면 인간이 동물을 포함한 다른 존재들과 근본적으로 다른 점은 선한 의지가 있다는 사실이다. 결국 우리가 자연적 존재이지만 이성적 존재로서 서로가 서로를 목적적으로, 즉 인격적으로 대하는 선한 나라, 이른바 목적의 왕국을 바라볼 수 있는 것은 무엇보다 선의지 때문이며, 선한 의지가 없는 인간은 진정한 도덕적 가치를 지닌 행위를 할 수도 없다. 설사 어떤 행위가 도덕적인 결과를 낳았다 할지라도, 그 행위에 도덕 법칙을 따르고자 하는 선한 의지가 없다면, 그 행위의 결과는 참되고 진정한 도덕적 가치를 내포할 수 없는 것이다. 그러나 칸트는 윤리학과 관련된 자신의 저서들에서 선의지와 관련하여 많은 설명을 하고 있지만, 그 용어를 오해 없이 제대로 이해하기란 생각처럼 쉽지 않다. 칸트의 윤리학에서 선의지 개념이 차지하는 비중을 감안하더라도, 그가 선의지를 어떻게 기술하고 있는지 또한 그 용어의 의미가 무엇인지 상세하게 살펴보는 것은 그의 윤리학을 전체적으로 올바르게 이해하는데 매우 중요하다.

칸트의 『도덕형이상학정초』 제1장의 첫 부분은 다음과 같이 시작된다. "이 세계 안에서 또는 이 세계 바깥이라 하더라도, 우리가 아무런 조건 없이 선하다고 볼 수 있는 것은 오로지 선한 의지뿐이다." 일반인의 입장에서 칸트가 아무런 조건 없이, 즉 무조건적으로 선하다는 것을 언급하는 이유가 무엇인지 바로 이해하기란 쉽지 않다. 더욱이 이런 언급과 관련된 기본지식이 없는 사람에게는 더더욱 이해하기 힘들다. 그럼에도 우리는 한 가지 의문을 제기할 수 있는데, 그것은 바로 '왜 칸트는 무조건적으로 선한 것은 선한 의지임을 주장하는가?'이다. 우리는 쉽게 답할 수 있는 것처럼 보이는 이 질문을 제기하면서, 칸트가 어떤 이유에서 『도덕형이상학정초』 제1장에서 선의지라는 개념으로부터 자신의 논의를 전개하는지를 보다 더 상세히 살펴보아야 한다. 칸트 이전까지 인간의 윤리적 삶의 핵심은 선은 곧 좋은 것이라는 내용이었다. 예를 들면 고대 시기의 아리스토텔레스가 '선은 곧 행복'이라고 했고, 헬레니즘 시대의 에피쿠로스가 '쾌락은 선이며 고통은 악'이라고 주장했다는 사실에서 잘 알 수 있다. 하지만 칸트는 좋은 것이 바로 선한 것이라는 주장은 도덕 그 자체의 본질이 아님을 분명히 알고 있었다. 왜냐하면 기존의 윤리학은 도덕 그 자체에 주목하지 못했을 뿐만 아니라 기존의 윤리학이 중요시여긴 쾌락은 분명히 선이기는 하나 어떤 맥락에서는 전적으로 악할 수 있기 때문이다. 그래서 칸트는 조건 없이 선한 것, 그 어떤 경우라 하더라도 인간의 세계 내에서나 외부에서도 심지어 신의 세계에서라 하더라도 무조건적으로 선한 것은 오로지 선한 의지밖에 없다고 한 것이다. 실제로 인간에게 선한 의지라는 것은 경향성이나 욕구와 같은 자연적 본성이 아니라 자유의 법칙에 의해서도 지배를 받는 인간의 도덕적인 본성이다. 물론 인간 내면의 도덕적 본성과 같은 선한 의지는 선험적으로 발견되며, 선한 의지를 통해 행위 하는 인간의 실천적 능력은 이미 우리의 실천이성에 주어져 있다.

인간이 지능이 뛰어나고 아는 것이 많으며 굳건한 의지를 가지고 있다 하더라도 그 인간의 의지가 선한 방식으로 사용되지 않는다면, 우리는 그 인간을 진정한 의미에서 도덕적 인간이라 평가할 수 없다. 특히 오늘날 우리 사회의 화두를 장식하고 있는 엘리트층들의 사회적 물의와 관련해서 본다면 칸트가 왜 조건 없이 선한 것은 선의지밖에 없다고 했는가를 더욱 잘 이해할 수 있다. 왜냐하면 선한 의지의 선이라는 의미는 상대적인 것이 아니며 행복, 자연의 법칙 등과 같이 이미 존재하는 것으로부터 도출되는 것도 아니기 때문이다. 다시 말하면 인간의 감정이 어떤 경우에는 좋았다가 나쁘다던가 혹은 다른 경우에는 좋거나 나쁘거나한 상태가 아니라 아무 감정을 느끼지 못하는 상태에 놓이는 것처럼 선의지 역시 어떤 경우에는 선하고 다른 경우에는 악하며 심지어 목적이 어떠한가에 따라 선하고 악할 수 있는 그런 상대적인 것이 아니다. 따라서 선한 의지만이 그 자체로 선할 뿐만 아니라 절대적이고 무조건적인 선이라고 할 수 있는 것은 선에 대한 기준이 외부세계에 있다고 보던 과거의 시각과는 달리 선에 대한 기준과 평가가 이성적인 존재의 의지 그 자체로부터 기인한다는 사실에 있다. 물론 칸트가 선한 의지만을 언급한 것은 아니다. 그는 어디까지나 선한 의지만을 무조건적으로 선한 것이라고 하였을 뿐이며, 선한 의지 이외에 우리가 무조건적으로 선하다고 생각할 수 있는 것들에 관해서도 언급하였다. 그는 『도덕형이상학정초』 제 1장에서 우리가 무조건적으로 선하다고 여길 수 있는 것들과 관련하여 선의지 이외에 지성, 재능, 판단력 등의 정신적 재능과 용기·결단력·끈기 등의 기질적 성질들, 그리고 권력·재산·명예·건강과 같은 행운의 선물과 욕정과 격정에서의 절제·극기·냉정함 등을 예로 들고 있다. 하지만 칸트는 선한 의지 이외의 정신의 재능들을 사용하려는 인간의 의지가 선하지 않다면, 이런 인간의 의지는 극단적으로 악하고 해로운 것이 될 수밖에 없을 뿐만 아니라 그 자체로 선한 의지가 될 수도 없다고 하였다. 다시 말하면, 칸트는 선은 도덕 법칙에 어긋나지 않는 조건에서만 선하다고 할 수 있고 혹은 선한 의지 이외의 모든 것은 오로지 선한 의지를 통해서만 좋은 것 또는 선한 것이 될 수 있다고 보았다. 왜냐하면 선한 의지가 선하다는 것은 선의지의 선이 이미 존재하는 그 무엇이나 추구하는 대상으로부터 도출되어 선한 것이 아니라 인간의 의지 그 자체로부터 규정되기에 선한 것이기 때문이다.

좀 더 구체적으로 살펴보도록 하자. '인간은 이성적 존재이다'는 정의에서 알 수 있듯이, 인간을 정의하는 '이성'은 인간이란 존재가 생각하는 능력을 지니고 있고, 이러한 능력이 인간이란 개념을 규정함에 있어서 가장 본질적이고 대표적인 사전적 정의의 내용이다. 이렇게 본다면, 인간에게 지성은 어떻게 보면 그 자체로 상당히 추구할 만한 가치가 있다. 하지만 조금만 더 생각해보면, 지성이라는 것이, 칸트가 선의지를 정의할 때의 표현처럼, 그 자체로 선한 것이라고 보기에는 무리가 있다. 예를 들어 완전범죄를 목표로 하는 범죄자는 그 범죄의 성공을 위해 지성을 필요로 할 것이다. 특히나 요즘 '007 제임스 본드', '미션 임파서블', '제이슨 본' 등의 첩보영화에서는 주인공이 임무의 완수를 위해 우리 사회가 마련해 놓은 법과 도덕의 체계를 비웃듯이 어기거나 무시해버린다. 이러한 과정에 인간의 지성은 개입할 수밖에 없고, 이런 지성의 사용은 그 의도가 결코 선하다고 볼 수 없다. 왜냐하면 어떤 임무의 완수나 목표의 달성을 위해 인간이 발휘하는 지성의 능력은 도덕적 선의 기준과 가치를 수단화시키기 때문이다. 이러한 사실은 선이란 곧 좋음이라는 내용과 결부되는 것으로서, 좋은 결과를 산출하기 위해 도덕은 그 자체의 순수하고 올바른 의미를 지니고 있음에도 수단적 의미로 전락해버릴 수 있다. 그래서 지성은 세상 안에서나 바깥에서 그 자체로 선한 것이 될 수가 없다. 물론 영화 속 주인공들의 행위가 엄밀한 법과 도덕의 잣대에서는 비난을 받을 수 있지만, 관객의 입장에서는 서로 다른 정서적 평가가 가능할 것이다. 말하자면 어디까지나 정서적 차원, 달리 말해 감정적인 차원에서는 긍정적이거나 부정적인 평가, 그리고 긍정도 부정도 아닌 평가가 있을 수 있다는 말이다.

유머 감각은 분명 인간의 삶, 특히 사회적 삶의 관계 혹은 개인적인 삶의 관계에 많은 도움을 준다. 그런데 우리가 이런 유머 감각을 좋지 않은 의도로 사용할 경우에는 유머나 농담의 대상이 되는 사람은 다른 사람들의 놀림거리 내지 웃음거리로 전락해버릴 수가 있고, 이는 곧 그 사람의 인격성과 존엄함이 당사자의 의사와는 무관하게 특정 유머나 농담에 의해 무참히 짓밟혀버리는 결과를 낳을 수 있다. 그래서 유머 감각 역시 그 자체로 선한 것이 될 수 없다. 왜냐하면 우리에게는 다른 사람들을 웃기기 위해서 특정한 사람을 웃음의 대상으로 전락시키고 나아가 그의 인격성을 모독할 수 있는 그 어떤 권리도 주어지지 않았기 때문이다. 이런 방식의 유머나 농담은 인간의 삶 속에서 흔히 일어날 수 있는 것이기는 하지만, 우리가 분명히 기억해야 할 사실은 인간은 어떤 이유에서건 자신의 존엄성과 인격성이 존중받지 못한 채 웃음의 수단으로 전락될 수 없다는 것이다. 심지어 어떤 유머와 농담의 대상이 되겠다는 동의를 누군가가 했다 하더라도, 유머 감각이 선한 의지처럼 그 자체로 선한 것으로 간주될 수 없다.

용기, 결단력, 끈기 등의 정신적 재능들이 무조건적으로 선한지 어떤지를 의지와의 관련성 속에서 살펴보면 그 결과 역시 선의지와 같지 않음을 알 수 있다. 용기 · 결단력 · 끈기와 같은 재능들을 선한 방식 혹은 긍정적인 의미에서 사용한다면 그 평가 역시 선하다고 할 수 있지만 악한 방식으로 사용한다면 정반대의 평가결과를 받게 된다. 예를 들어 용기와 관련하여, 돈을 대신 받아주는 일을 하는 사람이 빚 독촉을 받고 있는 평범하거나 나약한 사람을 찾아가 용기의 능력을 잘 발휘한다는 것이 과연 진정한 의미에서 용기 있는 행위인가? 다시 말해 채무자의 집을 찾아가 집기를 부수고, 협박과 공갈 나아가 신변의 위협을 가함으로써 채무자로 하여금 돈을 갚도록 강제하는 용기가 과연 진정한 용기인가? 그리고 절제의 덕과 연관지어 볼 수 있는 끈기에 대해서도 마찬가지다. 다른 사람으로부터 돈을 빌린 후 그 돈을 약속한 날짜에 갚지 않고, 돈을 갚는 대신 법적인 처벌을 몸으로 끈기 있게 감당한다고 해서 그 끈기라는 정신적 재능이 선하다고 평가하기는 어려울 것이다. 이렇듯 정신의 재능들은 그 자체로는 올바른 평가를 받을 수는 있으나, 그 재능들을 사용하는 사람들의 의도와 목적에 따라 그 재능의 사용에 대한 평가는 늘 선한 방식으로 나타날 수는 없다.

행운의 선물인 권력, 재산, 명예, 건강 역시 칸트가 말하는 무조건적으로 선한 것일 수 없다. 예를 들어 건강한 사람이 너무도 당연한 듯이 건강하지 못한 사람이나 장애를 가진 사람을 무시하고 존엄한 존재로 대우하지 않을 수 있다. 게다가 건강은 인간의 의지에 의한 관리만으로 유지되는 것도 또는 건강이 좋은 상태로 태어나 죽을 때까지 늘 건강한 상태가 유지되는 것도 아니다. 우리는 다름을 다름으로서 인정하는 자세, 달리 말해 차이를 차이로서 받아들이는 삶의 자세가 중요하다는 것을 잘 알고 있다. 하지만, 우리가 이런 인식을 토대로 건강 상태 혹은 장애의 유무에 상관없이 서로가 서로를 인격적으로 대하는 관계를 자신의 삶의 과정에서 항상 실천하면서 살아가는 것은 현실적으로 어렵다. 그러므로 건강 역시 선한 의지처럼 무조건적으로 선한 것이라고 할 수 없다.

위에서 살펴본 몇 가지 특성들은 선한 의지의 자체에 도움이 되기도 하고, 선한 의지가 하는 일을 아주 수월하게 할 수도 있다. 그럼에도 선한 의지외의 인간의 특성들은 무조건적으로 내적인 가치를 갖는 것은 결코 아니며, 늘 선한 의지를 전제한다. 이 선한 의지는 사람들이 그밖에도 당연하게 가질 수 있는 존경마저도 제한하며, 인간의 몇몇 특성들을 전적으로 선하다고 여기는 것을 허용하지 않는다. 흥분과 열정의 절제, 자제, 냉철한 사려 등은 여러 가지 면에서 좋을 뿐만 아니라, 인격이 지니는 내적인 가치들의 일부인 것처럼 보이기도 한다. 그러나 그 특성들이 아무런 조건 없이 선하다고 하기에는 부족한 것이 많다. 왜냐하면 선한 의지라는 근본 법칙이 없다면 그 특성들은 매우 나쁘게 될 수 있으며, 악당은 그 냉철함 때문에 훨씬 더 위험할 뿐만 아니라, 그 악당이 냉

철하지 않을 때보다 더 혐오스러워 보이기 때문이다.[12]

선한 의지가 인간의 다른 정신적 재능들과는 달리 무조건
적으로 선하다는 것을 확인했으니, 이제는 선의지에 보다 집
중해 보자. 아무런 조건 없이 선하다는 선한 의지는 과연 어
떤 경우에 선한 것일까? 다시 말하면 무엇이 의지를 선하게
만드는 것인가? 마치 이 질문은 말장난이나 추상적인 질문처
럼 들릴 수도 있지만 결코 그렇지는 않다. 사실 칸트는 자신
의 철학 전체를 아주 엄밀하고 체계적으로 구성하고자 하였
으며, 이런 그의 체계를 고려할 때 선한 의지와 관련하여 제
기된 질문은 그의 윤리학에서 상당히 중요한 의미를 갖는다.
선한 의지는 결과로부터 선하다는 평가를 받을 수 없다. 세상
의 모든 일을 결과의 측면에서만 접근하고 평가할 수 없는 것
과 마찬가지로, 선하다는 평가 역시 결과적인 측면에서 무언
가를 이루어냄으로서만 도출될 수 없다. 실제로 우리는 선한
의지에 따라 행위를 했는데도, 그 행위의 결과가 좋지 못한
경우를 얼마든지 경험할 수 있다. 그래서인지 칸트 윤리학은
흔히 벤담과 밀로 대표되는 공리주의와 자주 비교되는데, 우
리가 잘 알고 있듯이, 공리주의는 행위의 과정보다는 결과를
더 중시하면서 최대다수의 최대행복이라는 기치아래 공리성

---

[12] 임마누엘 칸트, 이원봉 옮김, 같은 책 27-28쪽.

을 상당히 중요하게 여긴다.

칸트가 말하는 선한 의지는 오로지 의욕 자체, 다시 말하면 하려고 하는 의지 그 자체에 근거해서만 선하다. 선한 의지의 선함은 결국 본성 그 자체에 놓여있기 때문에 선의지는 오로지 인간 자신의 의지의 작용을 통해서만 선할 수 있다. 예를 들자면 지나가는 할머니가 무거운 짐을 들고 가고 있고, 그 광경을 목격한 젊은이가 할머니에게 가서 무거운 짐을 들어드려야겠다고 생각하는 것 자체가 조건 없이 선한 경우이다. 물론 젊은이가 짐을 들어드려야겠다는 생각을 실제로 행위를 통해 실천했는지는 필연적인 관계가 아니며, 그래서 인간은 얼마든지 생각은 하되 행동하지 않을 수 있다. 칸트는 이렇게 얘기한다.

선한 의지는 그것이 무엇을 실현하고 성취했기 때문에 선한 것이 아니다. 또한 선의지는 그것이 어떤 설정된 목적을 달성하는 데 쓸모가 있기 때문에 선한 것도 아니다. 선한 의지는 오직 의욕 자체만으로, 즉 그 자체로 선한 것이다. 만일 우리가 선한 의지에만 주목한다면, 우리는 선한 의지가 의지의 모든 결과물들보다 월등하게 우월하다는 것을 알 수 있다. 어떤 하나의 성향을 위해 의지가 산출한 것, 아니 성향 전체를 위해 의지가 산출한 것 모두와 비교해도 선한 의지가 월등하게 우월하다. 운명의 기구한 장난에 의해서나 또는 계모와도 같은 자연의 인색함 때문에 의지는 자신의 목적을 실현시키기 위한 능력을 전혀 갖지 못할 수도 있다. 또한 모든 노력을 다 했음에도 불구하고 아무것도 이루어지지 않은 채, 결국 선의지(단순한 욕망으로 그치지 않고 자기 힘이 닿는 한 모든 것을 해본 의지를 말한다)만이 홀로 남겨지게 될 수도 있다. 그런 경우라 할지라도 선한 의지는 그 자체로 보석처럼 빛날 것이며, 모든 가치를 자기 자신 안에 가지고 있는 것으로서 빛날 것이다. 쓸모가 있는지 없는지의 여부는 이러한 가치를 증가시키지도 감소시키지도 않는다. 이러한 유용성이나 무용성은 이를테면 보석을 사고 팔 때 보석을 손쉽게 다루기 위해 보석 주위에 만들어 놓은 테두리와도 같은 것이다. 이러한 테두리를 만든 것은 보석을 볼 줄 모르는 사람들의 주의를 끌기 위한 것이지 보석 전문가에게 보석을 팔기 위한 것은 아니며, 보석의 가격을 정하기 위한 것은 더더욱 아니다.[13]

칸트의 입장은 분명하다. 그것은 바로 인간의 행위가 도덕적 가치를 갖게 하는 유일한 한 가지는 바로 선한 의지라는 점이다. 그 무엇에의 의해서도 그 순수함을 의심받지 않고 그 자체로 높은 가치를 갖는 것은 인간이 행위 하고자 하는 의지 그 자체로부터 발생한다. 그래서 우리가 도덕 법칙을 알고 있

---

[13] 임마누엘 칸트, 이원봉 옮김, 같은 책, 28–29쪽

고 그 법칙에 따라서 행위 하고자 하는 선한 생각이 바로 선의지이며, 이런 선한 의지를 방해하는 욕구나 자기애의 유혹으로부터 벗어나 온전히 도덕 법칙을 실천할 때 인간의 행위는 진정한 도덕적 가치를 갖는다. 인간은 선한 의지를 통해서만이 자기 자신뿐만 아니라 다른 사람으로부터 존경을 받을 수 있고, 그래서 칸트는 선한 의지를 그 자체로 찬란하게 빛나는 보석에 비유한다. 우리로 하여금 보석처럼 빛나면서 그 무엇으로도 훼손될 수 없는 불변의 가치를 갖게 하는 것은 오로지 선한 의지밖에 없다. 칸트는 "이성의 진정한 기능은 더 이상의 목적에 대한 수단으로서가 아니라 그 자체로 선한 의지를 산출하는 것이어만 한다"[14]고 말한다. 실천적인 능력으로서 이성은 인간으로 하여금 가장 고귀한 최고선에, 달리 말해 선한 의지에 도달되도록 돕기 위해 인간에게 주어져있는 것이다. 분명한 것은 어떤 행위의 목적이 매우 가치 있는 것이라 하더라도, 선한 의지를 제외하고는 그 자체로 선한 것은 아니다. 앞서 살펴본 몇몇 정신의 재능들, 다시 말하면 지성, 용기, 건강, 절제 등과 같은 도덕적으로 선하다고 간주된 특성들은 칸트 이전까지는 최상의 목표로서 도덕적이라고 간주되었다. 그러나 그는 이러한 잘못된 도덕적 가치에 대해 동의할 수 없었고, 그로인해 이 세계 안에서나 이 세계 바깥 어디

---

[14] 임마누엘 칸트, 이원봉 옮김, 같은 책, 31쪽.

에서도 무조건적으로 선한 것은 선한 의지뿐이라고 선언한 것이다. 우리가 선하게 행동할 수도 혹은 악하게 행동할 수도 있는 것은 전적으로 우리 자신에게 달려있다. 이 말은 우리의 행동을 도덕적 가치에 따라 실제로 완벽하게 통제하는 것은 의지라는 의미이다. 이렇게 볼 때 우리는 칸트가 왜 기존의 윤리적 입장과는 달리 선한 의지만이 그 자체로 선하다고 했는지 분명히 알 수 있다.

4. 진정한 도덕적 가치 :
'의무와 맞는' 행위와 '의무에서'의 행위*

　우리가 어떤 사람의 됨됨이, 소위 인격에 대해 이야기할 때, 그의 인격성을 평가하는 기준은 그가 얼마나 많은 일을 했는지 혹은 얼마나 많은 재산을 가지고 있는지가 아니라 항상 자기반성을 통한 선한 의지와 착한 마음씨를 유지하고 있는지 나아가 이런 마음가짐을 토대로 얼마나 도덕적으로 살아왔는지에 있다. 칸트 역시 이와 마찬가지로 인간이 인격적으로 훌륭하다는 평가를 받는 것은 인간이 이룩한 업적이 아니라 그가 지닌 선한 의지에 있다고 보았다. 앞서 우리가 살펴본 선한 의지는 적극적이고 능동적인 욕구능력, 다시 말하면 의지 그 자체로부터 선함이 규정되는 그런 의지이다. 그런

---

* 이 부분은 회페의 『임마누엘 칸트』, 김상봉의 『호모에티쿠스』, 루드비히의 『쉽게 읽는 칸트-정언명령』으로부터 많은 도움을 받았다.

데 이렇게 규정하고 보니까 선한 의지가 도대체 무엇인지 더 혼란스러울 수 있다. 이런 이해의 혼란을 최소화하기 위해서 선한 의지를 의무의 개념과 관련지어 보면 이해가 더 명확하게 될 것이다. 선한 의지는 인간이 오로지 의무에 따라 행위 하려는 의지로서, 그 선한 의지가 오직 의무에 의거할 경우에만 조건 없이 선하다고 할 수 있다. 그렇다면 왜 인간은 의무에 따라 행위 해야 하는가? 평소 우리가 이런 근본적인 질문을 떠올리며 살아가는 경우는 거의 드물다. 이 질문을 생각해본적이 있건 없건 간에 일반적으로 대부분의 사람들은 의무에 따라 하는 행위만이 선하기 때문이라고 답변할 것이다. 좀 더 얘기해보도록 하자. 인간의 본성은 선한가 악한가? 대답하기 곤란하다. 물론 인간의 본성이 선하다 악하다로 나뉠 수 있는 것처럼 모든 것이 이분법적이라면 좋겠지만, 안타깝게도 이런 방식으로 구분지은 다음 맞다 틀렸다를 결정지을 수 있는 것은 우리의 삶에서 그리 많지도 않고 합리적이지도 않다. 그런데 인간의 본성은 완전히 선한 것은 아니어서 반드시 충족시켜야만 하는 욕구나 경향을 지니고 있는데, 이런 욕구와 경향성은 인간이 선한 의지에 따라 행위 하는 것을 방해하기도 한다. 선한 의지는 욕구와 경향성이라는 장애물을 언제나 마주하고, 그 마주침 속에서 이성의 명령에 따라 의무를 따르려고 하는 의지를 뜻한다. 그래서 칸트는 의무라는 개념에 상당히 집중했으며, 그의 윤리학이 '의무의 윤리학'이라고 명명되는 것만 보더라도, 우리는 그의 윤리학에서 의무의 개념이 차지하는 위상을 분명히 알 수 있다.

의무, 너 위대하고 숭고한 이름이여! 너는 환심을 살만한 사랑을 받을 아무런 것도 네 안에 갖지 않은 채, 오히려 복종을 요구한다. 너는 아무런 위협도 하지 않으면서 − 이런 것은 마음 안에 자연스런 거부감을 불러일으키고 겁에 질리게 할 것이다 − 법칙만을 제시한다. 이 법칙은 저 스스로 마음 안에 들어가 의지에 반하면서 까지도 존경을 얻는다. (그렇다 해서 그 법칙이 언제나 준수되는 것은 아니지만) 이 법칙 앞에서 모든 경향성은, 은밀히는 그에 반발할지라도, 침묵하고 만다. 너의 그 위엄 있는 근원은 무엇이며, 경향성들과의 혈연을 도도하게도 끊어버리는 너의 고귀한 혈통의 뿌리를 사람들은 어디에서 발견할 것이며, 인간만이 자신에게 스스로 줄 수 있는 그런 가치의 소홀히 할 수 없는 조건은 어떤 뿌리에서 유래할 수 있는가?[15]

칸트는 의무의 개념 속에 행위자인 인간을 제한하고 방해하는 것, 곧 인간의 욕구와 경향성과 같은 장애물이 있기는 하지만 선한 의지도 있다고 한다. 그래서 그는 행위자에 대한 제한과 방해가 곧 행위자의 선한 의지를 가리고 알아볼 수 없

---

[15] 임마누엘 칸트, 백종현 옮김, 『실천이성비판』, 아카넷, 2006, 193-194쪽.

게 할 정도는 아니고, 오히려 이 양자가 서로 뚜렷하게 대조 됨으로써 의무의 개념을 두드러지게 하고 더욱 밝게 빛나게 한다고 보았다. 이런 칸트의 입장을 토대로 접근해보면, 선한 의지는 그 자체로 주관적인 제한과 방해가 놓여있는 의지이 기는 하지만, 신과 같은 절대적 존재들이 지닌 신성한 의지는 아니다. 더욱이 신성한 의지를 지닌 존재는 의무의 개념도 선 과 악의 개념도 필요가 없는 전적으로 선한 의지를 지닌 순수 한 이성적 존재들이다. 하지만 인간은 어떠한가? 신성한 의지 를 지닌 존재들과 비교해보면 인간의 의지는 당연히 완전히 선한 의지가 아닐 뿐만 아니라 어디까지나 불완전한 상태에 놓여있는 의지이다. 따라서 인간이 선한 의지에 따라 의무를 이행할 때, 인간의 마음속에는 일종의 고통이 일어난다. 그 고통이 바로 인간의 주관적 제한과 방해로서 욕구 및 경향성 을 의미한다. 인간이 선한 행위를 하려고 하는데 왜 우리의 마음속에서는 고통이 발생하는가? 일반적으로 우리는 남을 돕는 자선과 같은 행위를 하기 싫어하기도 하는데, 이는 인간 의 자연스럽고 본성적인 성향이다. 물론 우리는 자선을 행하 고 나면 선을 실천했다는 뿌듯함과 자부심을 느끼며, 자선을 실천하기 전에 가졌던 자신의 마음가짐이 사실은 부끄러운 일이었다는 것을 알게 되지만, 그럼에도 우리는 마음속에 도 덕적 명령에 대한 불편한 반응을 갖는다. 싫어하는 마음 혹은 고통스러운 감정 이런 것들이 인간의 주관적인 제한과 방해를 의미하는 본성적 욕구와 경향성이다.

우리가 선한 의지에 따라서 의무를 이행하고자 할 때, 그 의무를 이행하는 것이 매우 힘들다는 것을 경험을 할 수 있는데, 그 이유는 바로 인간의 욕구·쾌락·본성적인 요구가 의무와는 정반대의 방향성을 지니고 있다는 사실 때문이다. 우리가 이성의 명령에 따라 의무를 이행하는 것, 곧 우리가 옳기 때문에 행하여야만 하는 것이 정말 어려운 경우가 있는데, 이는 우리가 각자의 행복과 쾌락을 위해 추구하는 욕구들이 우리를 의무와는 정반대로 행위 하도록 하는데 있다. 인간은 도덕적으로 살아야한다는 당위적인 요구가 행복과 같은 욕구의 만족이나 완성으로 충족된다고 보았던 철학자들과는 달리 칸트는 인간의 도덕적 삶을 본성적인 욕구로부터 자신이 스스로 벗어날 수 있도록 하는 일종의 자기극복과 같은 투쟁의 과정으로 이해한다. 그렇기 때문에 그는 그 어떤 철학자보다도 의무를 인간의 도덕적 삶의 중심부에 위치시킨 후 선한 의지와 더불어 의무를 이행해야한다고 보았다. 일상생활에서 우리는 흔히 이런 말을 상대방과 주고받기도 한다. "이건 우리의 의무가 아닌 것 같다." 우리가 매순간 의무라는 것을 염두에 두고서 살아갈 수는 없으나, 분명한 것은 의무라는 것이 우리의 삶에서 도덕적으로 상당히 중요한 의미를 지닌다는 것은 부인할 수 없는 사실이다. 칸트는 선한 의지를 의무의 개념을 통해 밝히고자 하였기 때문에, 우리는 의무에 따라 행위 한다는 것이 어떻게 행위 하는 것인지 그리고 그 평가는 어떠한지에 대해 살펴보아야 한다. 특히 우리에게 의무감이란 본성적인 유혹과 경향성을 물리치고 내면의 양심에 따라 행위 하려는 의지를 의미하는 것으로, 선한 의지는 바로 이러한 의지를 표명하는 것이다. 좀 더 풀어서 얘기하자면, 선한 의지는 곧 의지가 선하다는 것인데, 그렇다면 그 의지가 선하다는 것은 어떤 의미로 이해되고 파악되어야 하느냐하는 것이 상당히 중요한 문제일 수밖에 없다. 그렇기 때문에 칸트는 의무에서 하는 행위만이 선하다고 말한다. 이 말은 우리가 선한 의지에 따라 행위 하는 것은 누구의 명령이나 권유에 따라 이루어지는 것이 아니라 스스로가 선택한 후 능동적으로 이루어지는 것을 의미한다. 그렇기 때문에 칸트의 선의지는 의무에 따르려는 자율적인 의지인 의무감과 더불어 나타난다. 우리가 의무로서 해야하는 행위인지를 안다는 것은 그 의무가 우리의 행위의 동기가 되어야 한다는 것을 뜻하며, 의무에 따라 행위 해야만 그 행위는 진정한 도덕적 가치를 갖는 선한 행위라고 할 수 있다. 따라서 도덕적 가치란 오직 우리가 의무에서 행위 하는 경우에만, 즉 우리가 그렇게 행위 하는 것이 우리의 의무라는 사실을 인식하고 행위 할 경우에만 그 행위는 도덕적 가치를 갖는다. 어떤 행위가 우리의 의무라는 사실을 깨닫는 것은 곧 의무가 그런 행위를 하는 동기가 되어야 함을 의미한다. 인간의 경향성 그 자체는 우리의 행위에 그 어떤 도덕적 가치도 부여하지 않는다. 칸트는 어떤 행위가 도덕적 가치를 지니기 위해서는 그 행위가 반드시 의무로부터 행해져야만 한다고 한다. 그렇다면 선한 의지를 지닌 인간이 의무에 따라 행동하는 것이 어떤 가치가 있고 또 어떤 평가를 받는지 살펴보도록 하자. 의무와 관련하여 칸트는 다음과 같이 얘기한다.

> 그 자체로 높이 평가되어야 하고, 더 먼 의도 없이도 선한 [더 궁극적인 의도를 위해 선한 것이 아닌] 의지라는 개념은 타고난 건전한 지성 안에 이미 들어 있기 때문에 배울 필요는 없고 일깨우기만 하면 되는데, 모든 우리 행위의 가치를 평가할 때, 항상 맨 앞에 있고 나머지 모든 가치의 조건이 되는 그 선한 의지라는 개념을 명백히 하기 위해 우리는 의무라는 개념을 다루려고 한다. 이 개념은 비록 [인간 행위자의] 주관적인 제한과 방해를 받기는 해도 선한 의지라는 개념을 포함하는데, 그 제한과 방해가 선한 의지를 가리고 알아볼 수 없게 할 정도는 아니고, 오히려 뚜렷한 대조를 통해 그것을 두드러지게 하고 더욱 밝게 빛나게 한다.
>
> 여기서 나는 이미 '의무를 어기는(pflichtwidrig)' 것으로 알려진 모든 행위를, 그것이 여러 가지 의도에 쓸모 있다 해도, 무시한다. 왜냐하면 그것은 이미 의무와 대립하고 있기 때문에, 그 행위를 '의무에서(aus Pflicht)' 했는지 아닌지에 대해서는 물어볼 것도 없기 때문이다. 또한 '의무

에 맞는(pflichtmäßig)' 행위들, 즉 그 행위에 대해 직접적으로 경향성을 갖는 것은 전혀 아니지만 다른 경향성 때문에 하지 않을 수 없어서 한 행위들도 다루지 않는다. 왜냐하면 그 '의무에 맞는' 행위가 '의무에서' 이루어졌는지 아니면 이기적인 의도 때문에 이루어졌는지는 쉽게 구별되기 때문이다. 이러한 구별이 훨씬 어려운 경우는, 행위가 '의무에 맞고' 그에 더해서 주체가 그 행위를 하려는 직접적인 경향성을 갖고 있을 때이다. 예컨대 가게 주인이 새로 온 손님을 속이지 않는 것, 그리고 거래가 많은 경우에 똑똑한 상인이 손님을 속이는 짓을 하지 않고, 모든 사람에게 확실한 정가를 적용해 어린아이라도 다른 사람들처럼 물건을 살 수 있게 하는 것, 이러한 것은 말할 것도 없이 '의무에 맞는' 일이다. 그렇게 해서 사람들은 정직하게 대접받지만, 이것만으로 그 상인이 정직이라는 의무와 근본 법칙들 때문에 그렇게 했다고 믿기에는 충분하지 않다. 정직하게 하는 것이 그의 이익에 맞았던 것이다. 게다가 그가 고객들에게 직접적인 경향성을 가져서, 말하자면 사랑 때문에 어느 한 고객에게 다른 고객보다 더 싸게 주지 않는 것이라고 생각할 수도 없다. 따라서 그 행위는 '의무에서' 생긴 것도 아니며 직접적인 경향성 때문에 생긴 것도 아니고, 다만 자기의 이익을 바라고 한 행위일 뿐이다.[16]

---

[16] 임마누엘 칸트, 이원봉 옮김 같은 책 32–34쪽.

보다시피 칸트는 '의무에서' 하는 행위만이 도덕적인 가치를 갖는다고 분명히 말한다. 하지만 우리가 의무를 행하는 것이 행위 하는 사람에게 즐거움이나 쾌락을 주는 경우는 얼마든지 있을 수 있다. 또한 '의무와 맞는', 즉 '의무와 일치하는' 행위가 '의무에서'의 행위와 다른 점은 무엇인지 선뜻 이해가 되지 않기도 한다. 왜냐하면 우리는 일반적으로 과정이야 어떻든 결과가 좋으면 별 문제가 없다고 하는 생각을 습관적으로 쉽게 할 수 있기 때문이다. 이와 같은 우리의 행동 패턴을 고려해 본다면, 의무를 지키고자 하는 우리의 행위와 관련하여 칸트는 오히려 우리에게 혼돈을 주고 있는 것처럼 보인다. 마치 너무나도 자연스럽게 반응하는 인간의 모습과 태도를 의지를 통해서 인위적으로 조절한 후 무조건적으로 선한 행위, 즉 의무를 이행해야 한다고만 하기 때문에 더욱 그렇다. 그러나 칸트의 입장은 분명하며, '의무에서'의 행위와 '의무에 맞는' 행위가 어떤 차이를 나타내는지 예를 통해 살펴보면 진정한 도덕적 행위가 어떤 행위인지 그리고 어떤 행위가 선한 의지를 토대로 의무를 이행한 행위인지 잘 알 수 있다.

시장에서 옷 가게를 운영하고 있는 어떤 상인이 옷의 가격을 정직하게 매긴 후 고객들에게 옷을 판매해야겠다는 결심을 했다고 하자. 이런 결심을 토대로 그 상인은 한 눈에 보더라도 어리숙한 고객뿐만 아니라 나이가 어린 고객 등 자신의 옷 가게를 방문하는 모든 고객과 손님들에게 가격의 차이를 두지 않고 정직하게 옷을 판매한다. 물론 친절함과 서비스 정신은 두 말할 것도 없다. 이런 상인의 삶의 태도는 결과적으로 매출증가에 따른 영업이익과 옷가게 확장이라는 좋은 결과를 가져다주었고 게다가 고객들로부터의 좋은 평가는 온라인에서 확산되어 하루하루 예약 손님을 상대하는 것만도 벅찰 정도로 옷가게의 평판은 날로 좋아졌다. 상인은 초심을 잃지 않고 앞으로도 고객들에게 더 친절하고 제품의 질이 더 나아질 수 있도록 최선을 다해야겠다고 생각했다. 그런데 이 상인의 행위는 '의무에서' 한 행위라고 볼 수 없다. 칸트가 보기에 이 상인이 모든 고객들에게 가격의 차등을 두지 않고 동일한 가격으로 정직하게 옷을 판매하는 행위는 의무와도 일치하며 정직함이라는 원칙에 부합하지만, 분명한 것은 순수한 의미에서의 '의무에서' 한 행위는 아니다. '의무와 맞는' 행위는 얼마든지 그 예를 찾아 볼 수 있고, 칸트 역시 자선과 관련하여 예를 들고 있다.

할 수 있는 한 자선을 베푸는 것은 의무인데, 그에 더해서 동정심을 잘 느끼는 사람들도 많다. 그들은 허영심이나 자신의 이익이라는 다른 동기 없이도 주위에 기쁨이 퍼져나가는 것을 내심 즐거워하며, 자기가 한 일로 다른 사람이 만족하는 것에 흥겨워 할 수 있는 사람이다. 하지만 나는 그와 같은 행위의 경우, 그 행위가 아무리

'의무와 맞고' 또 아무리 사랑스럽다 해도 참된 도덕적 가치는 전혀 없으며, 오히려 다른 경향성, 예를 들어 명예에 대한 경향성 같은 것과 짝을 이룬다고 주장한다. 그런 경향성은 다행스럽게도 실제로 모두에게 이익을 주며 '의무와 맞고' 따라서 명예스러운 것을 만난다면 칭찬과 격려를 받을 만하지만, 높은 평가를 받을 만하지는 않다. 왜냐하면 그 준칙에는 도덕적인 내용, 즉 경향성 때문이 아니라 '의무에서' 한 행위가 빠져있기 때문이다.[17]

상인의 행위는 분명 방금 언급한 칸트의 관점에서 보면, 진정한 도덕적 가치를 갖지 못한다. 왜일까? 그 이유는 다름 아닌 상인이 보여준 행위의 동기에 있다. 일반적으로 칸트의 윤리학은 벤담과 밀로 대표되는 공리주의와 자주 비교된다. 공리주의 큰 특징은 바로 '최대다수의 최대행복', 달리 말하면 유용성의 관점에서 행위의 결과가 비교적 많은 사람에게 좋으면, 그 행위는 선하다는 것이다. 이는 결국 행위의 과정이 아니라 행위의 결과에 초점을 맞추어 인간의 행위를 도덕적으로 평가한다. 자 그렇다면 상인이 한 행위의 동기는 어디에 있었던 것일까? 바로 자신의 이익에다 행위의 초점을 맞춘 것이다. 어떤 사람이 자신의 이익을 위해 행위 한다는 것은 결국 결과적 관점에서 그가 행위 했다는 것을 의미한다. 그렇기

---

[17] 임마누엘 칸트, 이원봉 옮김, 같은 책 34–35쪽.

때문에 상인은 자신의 이익을 위해서—물론 그 이익이 단기적 이익이든 장기적 이익이든 관계없이—즉, 현재의 손님들을 잃지 않기 위해서 정직한 가격을 정한 후 손님들에게 친절하게 행동했을 수도 있다. 상인이 고객에게 가격의 차이를 두지 않고 친절한 자세로 옷을 파는 행위에서 자신의 이익을 위해 옷을 파는 것이라는 행위의 의도를 전적으로 배제하지 못하는 한, 그의 행동은 진정한 도덕적 가치를 지니고, 그래서 '의무에서' 한 행위라고 보기가 어렵다. 사실상 상인이, 성실함과 친절함이 가게의 영업이익뿐만 아니라 자신에게 이익이라는 사실을 잘 알고 있다하더라도, 그가 자신의 의무를 인식하고 성실하게 근무하는 것은 얼마든지 가능한 일이다. 따라서 상인의 행위는 '의무에서' 행한 행위가 아니라 '의무와 맞는', 달리 말해 '의무와 일치하는' 행위일 뿐이다.

자본주의 사회에서 자신의 이익을 위해 어떤 행위를 하고자 하는 것은 어떻게 보면 너무나 자연스러운 현상이다. 더욱이 상인이 자신의 이익을 위해서 친절을 무기로 삼는 것은 상식의 관점에서도 상당히 설득력 있는 전략적 선택이다. 그런데 칸트는 이런 인간의 삶의 모습을 도덕적으로 다르게 평가한다. 그에 의하면 상인의 행위는 '의무와 맞는' 행동일 뿐이며, 그 행위에는 진정한 도덕적 가치가 내포되어 있지 않다. 여기서 칸트가 강조하는 것은 우리가 오로지 의무를 인식하고 그에 따라 행동해야 한다는 동기로부터 행위할 때, 우리의 행위는 진정한 도덕적 가치를 가질 뿐만 아니라 의무에 대한 동기만이 우리의 행위에 도덕적 가치를 부여한다는 점이다. 그런데 인간의 자연적인 경향성은, 그것이 행위의 동기가 된다면 의무가 행위의 동기가 되는 경우처럼, 결코 행위에 진정한 도덕적 가치를 부여하는 그런 역할을 하지 않는다. 인간의 행위 속에 다른 동기들이—어떤 행위의 동기가 이타적인 것이든 또는 자신의 이익을 위한 것이든 간에—함께 있는 경우 단지 도덕적인 동기가 어떤 행위에 가장 큰 영향력을 미친다고 확실하게 말할 수 없을 뿐이다. 일반적으로 마음이 고운사람, 소위 심성이 착한 사람에게 의무에 대한 인식으로부터 다른 사람을 돕는 일이 그리 어려운 일은 아니다. 오히려 마음이 고운 사람이 늘 관심과 주의를 기울여야 하는 것은 자신 내에 있는 욕구와 경향성이 자신의 행위를 발생시키는 주된 동기로 작용하지 않도록 해야 한다는 점이다. 이제는 '의무에서' 한 행위에 관하여 살펴볼 차례이다. 선의지는 행위의 당사자가 초래한 결과에 의거하여 선한 것이 아니다. 그래서 우리가 도덕적으로 행위 하는 것은 의무라는 이유 때문이며, 어떤 행위의 결과를 바라고 행위 하는 것은 결코 도덕적으로 선한 가치를 지닐 수 없다. 다음의 예를 살펴보자.

잦은 총성과 총알이 빗발치는 전쟁터에서 아군이 부상을 입고 쓰러져있는 적군을 발견하였다. 여러 명의 아군이 지나가면서 그 적군을 보았지만, 어느 누구도 그를 도와주려고 하지 않았다. 왜냐하면 적군을 치료하기 위해 가던 길을 멈추면, 날아드는 총알과 포격에 의해 자신이 죽을 수도 있고, 그래서 적군이 부상으로 인해 죽도록 내버려두어야 자신이 전쟁에서 살아남을 가능성이 크다고 생각할 수 있기 때문이다. 또한 적군을 포함한 다른 사람을 도와주는 것이 아군에게는 자신이 죽을 가능성을 높이는 행위이기도 하고 또 번거롭고 귀찮은 일로 여겨지기 때문에, 아군은 선뜻 다른 사람을 도와주기를 낯설어 하거나 머뭇거릴 수밖에 없다. 그런데 아군 중 한명이 부상을 입은 적군을 보고, 그쪽으로 다가간다. 그도 인간인지라 죽음이 두렵기도 하고 반드시 전쟁터에서 살아 돌아가야 겠다는 생각으로 인해 부상당한 적군을 도와주지 말고 외면하라는 자신의 목소리에 귀를 기울일 수 있다. 어찌 보면 이러한 반응은 인간의 생존본능이기도 하다. 그리고 이런 생존본능이야말로 우리의 선한 의지를 방해하는 주관과 제한인 것은 분명하다. 그러나 그 아군은 적군을 도와주어야 한다는 도덕적 강제로 인해 가던 길을 멈추고 그의 부상을 치료해준다.

여기서 우리는 아군의 행위에 대해 어떤 평가를 내려야 할까? 삶과 죽음이 공존하는 전쟁터에서 최대한 빨리 벗어나기 위해 적군을 외면하고 그냥 가야하는 것이 맞는 선택인가? 아니면 아군이 죽음의 공포와 위험으로부터 더 빨리 벗어날 수 있는데도 가던 길을 멈추고 적군을 도와주는 것이 맞는 선택인가? 우리가 선한 의지에 따라 의무를 이행한다는 것은 후자와 관련된다. 인간의 의무감이라고 하는 것은 선을 행하기 싫은 마음에도 불구하고 그 마음을 억제하고 그 선을 행해야 한다고 다짐하는 마음이다. 아군이 부상을 입고 쓰러져있는 적군을 보았을 때, 그 아군 역시 그를 도와주지 말고 빨리 가던 길을 가라는 내면의 지시를 받았을 것이다. 하지만 동시에 아군은 부상을 입은 적군을 외면해서는 안 된다는 또 다른 내면의 지시 역시 받았을 것이다. 이러한 내면의 지시, 곧 우리 자신의 내면의 목소리는 특정한 법적인 요구나 실제적인 권력의 요구가 아니라 인간이라면 누구나 들을 수밖에 없는 보편적인 양심의 목소리일 뿐이다. 그래서 칸트는 인간이 의무를 지키려는 마음을 우리가 선한 행위를 하고자 할 때, 그 행위를 방해하는 욕구와 경향성의 유혹을 극복하고 내면의 양심의 요구와 이성의 명령에 따르려는 의지라고 말한다.

'의무에서' 한 행위는 그 행위를 통해 달성하려는 의도에서가 아니라, 그 행위를 결심할 때 준수하는 준칙에서 자신의 도덕적인 가치를 갖는다. 따라서 [그 행위는] 행위의 대상이 실현되는지에 좌우되는 것이 아니라, 그 행위를 할 때 욕구 능력의 모든 대상을 무시하고 준수하는 '하려고 한다[의욕]'의 원칙에 좌우되는 것이다. 우리가 행위할 때 가질 수도 있는 의도와, 의지의 목적과 동기가 되는 [그 행위가 일으키는] 작용은 결코 행위에 무조건적인 도덕적 가치를 줄 수 없다는 사실이 앞에서 분명하게 밝혀졌다. [행위가 일으키는] 작용을 기대하는 의지 안에 도덕적 가치가 있는 것이 아니라면, 도대체 그것은 어디에 있을 수 있을까? 그 가치는 그러한 행위가 달성하려는 목적을 고려하지 않는 의지의 원칙 외에 다른 곳에 있을 수 없다. 왜냐하면 의지는 형식적인, 선험적인 원칙과, 내용적인, 후험적인 동기 사이의 한 가운데에, 마치 갈림길 위에 있는 것과 같기 때문이다. 하지만 의지는 무엇에 의해서건 결정되어야만 하기 때문에, 의지에서 모든 내용의 원칙이 제거된, '의무에서' 한 행위가 일어나려면 의지가 '하려고 한다[의욕]'는 일반에 적용되는 형식적 원칙에 의해 결정되어야 한다.[18]

칸트가 선한 의지를 의무의 개념과 결부시키는 이유는 무엇보다 인간의 도덕적 의식 혹은 도덕적 관심에 대한 부정적 태도나 마음가짐 때문이다. 앞서도 말했지만, 인간은 본성상 선의지에 따라 도덕적으로 행위 하기보다는 욕구나 경향성에 따라 비도덕적으로 행위 할 가능성이 더 크다. 하지만 그는 의무의 개념이 인간의 경향성과 욕구 아래에 있는 것이기는 하나 선한 의지의 개념을 반드시 포함한다고 보았다. 따라서 인간의 도덕적 행위를 방해하는 경향성과 욕구는 선한 의지

---

[18] 임마누엘 칸트, 이원봉 옮김, 같은 책 37–38쪽.

를 감추지 못하고, 경향성과 욕구와의 대조를 통해 인간의 선의지를 더욱 빛나게 한다. 다시 말하면 칸트는 인간의 선의지가 자신의 도덕적 행위를 방해하는 경향성과 욕구를 극복하고 도덕적으로 행위 할 수 있다는 사실에 의해 더욱 더 돋보인다고 보았다. 이런 맥락에서 그 자체로 높이 평가되어야 하는 선한 의지는 모든 우리의 행위의 가치를 평가함에 있어서 항상 맨 위에 놓여있을 뿐만 아니라 다른 모든 가치의 조건이 된다. 그래서 칸트는 선한 의지라는 개념을 보다 분명히 하기 위해서 선의지와 의무 개념을 관련짓는 것이다.

인간이 도덕적인 행위를 할 수 있다는 사실로부터 인간이 늘 도덕적 행위를 한다고 볼 수 없고, 또 선한 의지를 토대로 도덕적으로 행위 해야겠다는 생각이 반드시 행위자로 하여금 그 행위를 실천하게 하는 것도 아니다. 인간은 본성상 비도덕적으로 행동할 가능성이 높기 때문에 의무를 이행하기 위해서 도덕적 행동을 하는 것은 결코 쉽게 이루어지는 것이 아니다. 그러므로 인간이 도덕적인 행위를 하기 싫은 마음이 있는데도, 이런 마음을 극복하고 도덕적으로 행위 하기 위해서는 의무감이 필요하다. 의무감이란 인간의 본성적 생각에 따라 하기 싫거나 회피하고 싶은 일을 단지 의무이기에, 다시 말해 이성의 명령이기에 행위 해야 한다고 생각하는 마음이다. 전쟁터에서 아군이 쓰러져 있는 적군을 보았을 때, 아군은 마음속에서 살기위해서는 그 적군을 도와주지 말고 가던 길을 가라는 내면의 소리를 들었을 것이다. 그런데 기묘하게도 아군은 다치거나 아픈 사람은 도와주어야 한다는 또 따른 내면의 소리 역시 분명히 들었을 것이다. 이 내면의 소리는 군법에 기록된 조항도 더욱이 직속상관의 명령도 아니다. 이 내면의 소리는 어디까지는, 소크라테스가 말한 다이몬의 소리처럼, 이성적 존재인 인간이 지닌 보편적 양심의 소리일 뿐이다. 따라서 의무감은 우리가 경향성의 명령을 과감히 뿌리치고 보편적 양심의 명령에 따라 행동해야 한다는 강인한 의지에 근거하는 것이며, 이는 곧 선한 의지와 같은 것이다.

칸트는 행위의 목적이나 의도가 무엇이든 간에, 그것들은 어떤 행위의 도덕적 가치와는 아무런 관련이 없다고 본다. 선한 의지가 선한 것은 의지자체에 있다고 한 것은 아무리 강조한다 하더라도 그냥 지나칠 수 없다. 어떤 행위가 도덕적 가치를 갖는지 갖지 않는지는 그 행위의 주체인 인간의 의지, 곧 의욕의 원칙에 달려있다. 그래서 칸트는 행위의 도덕적 가치는 어떤 행위를 해야 하는지에 있지 않고 그 행위를 하는 인간의 준칙에 의해 도덕적 가치를 지니는지 아닌지가 결정된다고 보았다. 간단히 말하면, 행위의 동기가 그 행위의 도덕적 가치를 판가름하는 것이지 행위의 결과가 그 도덕적 가치를 판가름 하는 것이 아니다. 도덕적 가치를 지닌 행위를 가능하게 하는 의지는 그것이 의도하는 결과로 인해 선한 것이 아니라 오로지 의지 자신의 내적인 가치에 의해 선한 것이다. 이 대목에서 우리는 도덕적 가치의 유무를 판단하게 하는 준칙이란 과연 무엇인지, 그리고 이 준칙이 왜 이토록 중요한지를 보다 세밀하게 살펴볼 필요가 있다.

의무에서 한 행위

5. 원리에 따르는 행위 :
준칙과 법칙*

    우리가 '의무에서'의 행위를 하는 것은 그렇게 하는 것이 우리가 인간으로서 당연히 해야 할 행위라고 생각하기 때문이며, 우리가 인간다워지기 위해 당연히 해야 한다는 그런 생각에 따라 행위 하는 것은 자연스럽게도 의무라는 개념으로 이어진다. 그렇다면 우리가 의무감으로부터 혹은 의무를 인식한 후 그로부터 행위를 할 때 우리 안에서 발생하는 행위의 동기는 과연 무엇일까? 이 때의 동기는 우리의 행위가 어떤 구체적인 목적이나 목표의 성취에 도움이 되는 것일 수는 없다. 우리가 어떤 행위의 목표나 목적, 예를 들면 우리의 만족

---

* 이 부분은 코플스톤의 『칸트』, 회페의 『임마누엘 칸트』, 문성학의 『칸트 윤리학과 형식주의』,
  김상봉의 『호모 에티쿠스』, 루드비히의 『쉽게 읽는 칸트-정언명령』으로부터 많은 도움을 받
  았다.

감이나 일시적인 행복 등을 위해 도덕적으로 행위 하는 것은 '의무에서' 한 행위가 아닐 뿐만 아니라 도덕적인 가치도 갖지 못한다. 왜냐하면 도덕적 가치가 행위의 목표나 목적에 대한 수단적인 의미로 전락했기 때문이다. 다시 말해 우리가 만족감이나 행복 등을 위해 도덕적으로 행위 하는 것은 어디까지나 우리 자신의 욕구를 충족시키거나 만족시키는 데 도움이 될 뿐이다. 만약 우리의 만족감이나 행복을 위해 다른 사람을 돕는다면, 우리는 도덕적으로 행위 한 것도 그래서 그어떤 도덕적 가치를 갖는 것도 아닐 것이다. 그럼 여기서 한가지 의문이 생기는데, 행위의 목적이나 목표로부터 어떤 행위의 도덕적 가치가 발생하는 것이 아니라면, 과연 행위의 도덕적 가치는 어디에서 발생하는 것일까?

이 질문에 대해 칸트는 행위의 도덕적 가치는 그 행위를 행하려고 하는 행위자의 의지의 작용에 있다고 대답할 것이다. 앞에서 다루었던 선의지에 관해 다시 한 번 확인하고 넘어갑시다. 칸트는 『도덕형이상학정초』에서 선한 의지는 그것이 무엇을 실현하고 성취했기 때문에 선한 것이 아니며, 그것이 어떤 설정된 목적을 달성하는 데 쓸모가 있기 때문에 선한 것이 아니라고 한다. 따라서 그는 선한 의지는 오직 의욕 자체만으로, 즉 그 자체로 선한 것이라고 말한다. 인간의 어떤 행위에 대해 도덕적인 가치를 부여하는 것은 결코 그 행위의 목적, 즉 행위의 대상이 아니라 그 행위를 하려는 행위자의 의지를 움직이는 원리이다. 칸트는 이런 원리를 준칙이라고 말하는데, 다르게 표현하면 우리가 어떤 행위를 하려고 할 때, 그 행위를 하기 위해서 행위자의 의지가 따르는 주관적인 행위원리가 준칙이다. 칸트의 주장에 따르면 행위의 도덕적 가치는 동기로부터 나와야하는데, 이때의 동기는 특정한 결과를 산출하고자하는 행위자 자신의 욕구로부터 나와서는 안 된다. 그래서 그는 행위의 도덕적 가치는 그 행위의 목표나 결과로부터가 아니라 행위자의 준칙으로부터 도출되어야 한다고 보았다. 그런데 준칙은 행위의 주체인 나 자신에게만 허용되고 인정되는 의지의 주관적인 행위 원리라는 사실이다. 예를 들면 어떤 사람이 '나는 어떤 경우라도 나에게 피해를 주지 않는 일에 대해서는 간섭을 하지 않겠다'라는 준칙을 마련한 후 이에 따라 행위 할 수 있는데, 이 경우 행위자의 준칙이 자신이 아닌 다른 사람에게도 수용될 만큼 객관성과 신뢰성을 지니고 있다고 볼 수는 없고, 나아가 우리 모두가 인정할 수 있는 객관적이고 보편적인 도덕적 가치를 가질 수 없다.

준칙이라는 말이 우리에게 낯설고 어려운 용어임은 분명한 것 같다. 그래서 준칙에 대한 보다 나은 이해를 위해 루드비히(R. Ludwig)가 소개하고 있는 칸트의 준칙에 대한 추가적 설명을 살펴보자. 우선, 윌리암스(T. C. Williams)에 의하면, 준칙은 우리의 행위 혹은 행위의 의도에 관한 규칙이며, 이런 규칙으로서의 준칙은 인간의 행위를 결정하는 방식일 뿐만 아니라 생활의 철학이다. 그리고 하나의 예로 윌리암스는 '나는 모든 경우에 나의 이익을 극대화한다는 것'이 하나의 준칙이라고 말한다. 다음으로, 부브너(R. Bubner)는 준칙은 의지의 표명보다는 많고 사실의 기술보다는 적은 그 무엇이다라고 설명한다. 준칙이 "만일 A이면, 그러면 나는 B를 한다"라는 연관 관계로 표현되는 경우, "만일"과 함께 시작된 문장은 "그러면"과 함께 시작된 문장에 비해 많은 객관성을 가지고 있다. 다시 말하면 조건명제의 형식은 'A이면 B이다'인데, 이 때 B는 A이면 B라는 의미만 갖기 때문에 연관관계의 관점에서는 B가 A보다 외연이 클 수가 없다. 이런 맥락에서 행위자는 준칙을 언제든 변경하거나 심지어 새로운 것으로 바꿀 수도 있다. 그래서 준칙은 법칙과 같은 절대적 타당성을 갖지 않는 행위 규칙일 뿐이다. 그 다음으로 비트너(R. Bitter)에 의하면 준칙은, 데카르트의 본유관념처럼, 인간이 처음부터 갖고 있는 것이 아니다. 예를 들어 "나는 나에게 이익이 되지 않는다면, 심지어 그 일이 선한 것이라 하더라도, 어떠한 일도 하지 않을 것이며, 단지 이익이 되는 경우에만 그 일을 할 것이다"라는 준칙에서 볼 수 있듯이, 준칙은 우리가 스스로 설정하는 주관적인 행위원리로서, 그 준칙은 상황에 따라 많은 다른 실천규칙들을 그 안에 내포하기도 한다. 마지막으로 회페(O. Höffe)에 의하면, 도덕적인 중요성이 없기 때문에 칸트가 전혀 언급하지 않았지만, 준칙에는 도덕적인 것만 있는 것이 아니라 비도덕적인 것도 있다. 다시 말하면 보편성과 필연성이라는 객관화의 요구를 하지 않으면서도 오로지 자신의 순수한 주관성에 의해 설정된 준칙은 얼마든지 있을 수 있다. "나는 매일 이른 아침에 일어나 운동을 할 것이다" 또는 "나는 외출할 때 시계를 반드시 오른손에 차겠다" 등이 바로 그 예이다.[19]

이외에도 회페는 도덕적 자유를 지닌 인간의 준칙에 대해 추가적인 설명을 제시한다. 첫째, 의지의 보편적 원칙은 인간의 행위가 맞이할 가변적이고 특수한 상황들을 일일이 고려하지 않으므로, 구체적인 행동으로 나아가기 위한 행위의 기본적인 규범적 틀은 준칙으로부터 나온다. 준칙은 행위의 보편적인 윤곽만을 제시할 뿐이며, 인간이 구체적으로 행동하기 위해서는 준칙을 맥락적으로 고려하는 과정, 생산적 해석 과정 그리고 평가과정이 필요하다. 준칙의 척도를 토대로 맥락, 해석, 평가를 실행하는 것은 다름 아닌 도덕적 판단력, 즉 실천적 판단력이다. 둘째, 준칙은 삶의 보편적인 원칙들과 관련되어 있으므로 준칙은 한 개인의 생애를 규칙들의 끝없는 목록으로 변형시키지 않을 뿐더러 무수히 많은 개별 행동들로 쪼개지도 않는다. 준칙은 삶의 부분들을 의미상 연관되어 있는 전체로 결합한다. 이러한 의미 연관체의 도덕성은 정언명령에 의해 검증된다. 실천적 규칙들을 "마음속에 새기는 일"

---

19 랄프 루드비히, 이충진 옮김 『쉽게 읽는 칸트-정언명령』, 이학사, 2006, 67-69쪽.

은 교육을 길들임과 더욱 가까운 것으로 만드는 반면에, 규범적 지도원리인 준칙은 이성적 자기규정을 가능하게 하고 개인적 성질이나 능력의 차이, 사회문화적 여건의 차이, 더불어 각자가 처한 상황의 차이를 위하여 필요한 여지를 인정한다. 셋째, 준칙은 개인적 상황이나 사회적 상황의 변화를 무시하기 때문에, 준칙은 개인의 성격을 반영한다. 어떤 사람을 복수심이 많다거나 관대하다고, 무분별하다거나 분별력이 있다고, 이기적이라거나 공평하다 하는 등 그 사람의 성격을 이야기하기 위하여 우리가 그 사람에 대하여 신체적·정신적·심리적 평가와 구분되는 도덕적 평가를 내릴 때 기준으로 삼는 삶의 원칙은 구체적인 행위 규칙이라는 의미에서의 규범이 아니라 바로 준칙이다. 그렇기 때문에 도덕적 정체성, 도덕적 교육과 판단에 있어서 준칙이 규범보다 훨씬 더 적절한 탐구의 대상이다. 넷째, 준칙 윤리학만이 개인의 도덕성을 측정하는 기준을 제공할 수 있다. 우리는 자기 스스로 규정한 궁극적인 원리들을 시험함으로써만 어떤 행위가 단순히 '의무와 맞는' 것이고 그래서 합법칙적인 것이지, 아니면 '의무에서' 행해진 것이므로 도덕적인 것인지를 평가할 수 있다.[20]

우리는 준칙에 대한 이상과 같은 설명을 통해 한 가지 사실을 분명히 알 수 있다. 그것은 바로 준칙이 단순히 기계적

---

[20] 오트프리트 회페, 이상헌 옮김, 『임마누엘 칸트』, 문예출판사, 1998, 222-224쪽.

으로 반복되는 행위 혹은 행위 규칙 이상의 의미를 내포하고 있다는 사실이다. 한 걸음 더 들어가 보도록 하자. 우리는 어떤 원리에 따라 행위 하기 때문에 우리의 행위는 동물의 행동과는 분명히 구별된다. 그리고 우리는 동물과 같은 본능적 존재이기만 한 것이 아니기 때문에, 이성적 능력을 토대로 우리가 생각하는 법칙에 따라 행위 하는 능력도 가지고 있다. 그런데 우리의 행위 속에는 우리가 실질적으로 적용한 행위의 원리가 있는데, 이런 원리를 칸트는 주관적 원리, 곧 준칙이라고 부른다. 주관적 행위원리인 준칙은 오로지 각 행위의 행위자에게만 타당하고 설득력 있는 원리이다. 하지만 우리는 자신에게만 타당한 방식이 아닌 자신을 포함한 모든 사람에 대해 타당한 방식으로도 행위 할 수도 있다. 그래서 우리는 또한 자신의 행위와 관련하여 객관적인 원리도 정립해야 한다. 객관적 원리라는 것은 우리 각자의 욕구나 경향에서가 아니라 그런 욕구나 경향성을 극복하는 이성으로부터 나오는 원리를 의미한다. 따라서 우리의 행위와 관련된 객관적 원리는 모든 이성적 존재인 행위자에게는 타당한 원리이다.

실천 원칙들은 의지의 보편적인 규정을 함유하는 명제들로서, 그 아래에 다수의 실천규칙들을 갖는다. 이 원칙들은, 그 조건이 주관에 의해서 단지 주관의 의지에 대해서만 타당한 것으로 간주될 때는, 주관적이다. 즉 준칙들이다. 그러나 그것들은, 그 조건이 객관적인 것으로, 다시 말해 모든 이성적 존재자의 의지에 타당한 것으로 인식되면, 객관적이다. 즉 실천 법칙들이다.[21]

나에게만 인정되고 허용되는 원리가 주관적인 원리인 것은 두 말할 필요가 없다. 또한 주관적인 원리가 나를 포함한 모두에게 인정되고 수용되는 원리, 달리 말해 객관적인 원리가 될 수도 있다. 이러한 사실은 무엇을 의미하는가? 풀어서 얘기한다면, 우리는 우리 자신만의 이익과 행복을 위해서 행위할 수도 있고, 자신만이 아닌 모든 사람의 이익과 행복을 위해 행위 할 수 있다. 전자의 경우는 주관적인 행위라는 평가를 받지만, 후자의 경우는 객관적인 행위라는 평가를 받는다. 그러니 도덕적인 행위는 우리 모두가 해야 한다고 생각하기 때문에 후자에 해당하는 행위라 하겠다. 내가 남을 돕겠다는 나의 준칙이 다른 사람이 볼 때에도 충분히 타당하고 보편적이라는 평가를 받을 수 있으므로, 그 준칙의 사용은 어디까지나 준칙으로서만 사용된 것이 아니라 법칙처럼 사용된 것이다. 바로 여기서 칸트는 언제 어디서든 예외 없이 적용되는 법칙에 주목하였다.

우리가 도덕적으로 살아간다는 것은 도덕적 원리를 비교적

---

[21] 임마누엘 칸트, 백종현 옮김 같은 책 62쪽

Two things inspire me to awe: the starry heavens above and the moral universe within.

잘 지키며 살아간다는 것을 의미하고, 이렇게 볼 때, 도덕적 삶을 사는 사람은 결국 도덕적 원리를 잘 따르는 사람이다. 그리고 원리에 따르는 사람은 순간적인 욕구에 기초하여 행위 하지 않으며 자신이 무엇을 행해야 하는가를 확인하기 위해 늘 일반 규칙이나 이성적으로 형성된 근거에 호소하려고 한다. 내가 하는 말과 행동이 우리가 믿고 신뢰성을 보내는 원칙이나 원리에 어긋나는지 어떤지를 늘 확인하며 살아간다는 의미이다. 여기서 우리는 분명히 알 수 있다. 이성적 존재인 인간은 말과 행동을 함에 있어 모든 사람이 믿고 신뢰하는 보편적 원리나 원칙을 거울삼아 말을 하거나 행동을 한다는 사실이다. 따라서 오직 이성적인 존재만이 지닐 수 있는 법칙의 관념 그 자체만이 도덕적이라는 평가를 내릴 수 있는 진정한 선을 구성할 수 있다. 이성의 고유한 임무는 특별한 형식의 동기를 이성적 존재에게 제공하는 것인데, 이는 어떤 법칙이 요구하기 때문에 그러한 행위를 하도록 우리에게 동기를 부여하는 것이다. 이성은 우리에게 법칙의 관념을, 다시 말해 우리가 반드시 행위해야만 하는 것을 우리에게 알려주는 원리들의 관념을 제공한다. 하지만 준칙은 행위자의 계획된 행위 방식인데, 이런 방식이 보편적 원칙 내지 법칙과 일치하면 객관적이라는 평가를 받을 수 있으나 일치하지 않으면 주관적이고 상대적이라는 평가를 받는다. 그렇기 때문에 칸트 역시 보편성을 이성의 특성으로 간주하였고, 오로지 이성만이 보편적인 원리와 법칙들에 따라 행위 할 것을 우리에게 명령할 수 있다. 상대주의를 철저히 경계했던 고대의 플라톤의 입장과 그 맥을 같이 하고 있는 칸트의 윤리학에서 객관적, 보편적, 보편화가능성 등의 용어는 중요하다. 우리가 법칙에 따라 행위 할 때, 즉 법칙에 대한 존경으로부터 행위 할 때, 우리는 탁월한 선을 실천할 수 있는데, 이 때 우리로 하여금 탁월한 선을 형성하게 하는 법칙의 형식적 토대가 바로 예외를 인정하지 않는 보편성과 필연성이다.

우리가 법칙에 대한 존경으로부터 행위 한다는 것은 과연 어떤 의미인가? 앞서 우리는 의무개념에 대해 살펴보았는데, 칸트는 의무개념에 대한 설명을 위해 존경이라는 말을 사용한다. 여기서 우리는 보다 세부적으로 접근해보아야 한다. 하나는 인간의 도덕적 행위는 감정적인 면과 직접적으로 결부될 수밖에 없다는 것인데, 이 감정적인 것이 바로 '존경'이라는 감정이다. 또 다른 하나는 우리는 도덕적으로 행위 하기 위해 우리가 존경하는 법칙에 따르려 하며, 이와 더불어 우리의 도덕적 행위를 위한 준칙은 '나는 그 법칙을 따르겠다'는 것이다. 따라서 칸트는 의무를 법칙에 대한 존경심으로부터 하는 행위의 필연성이라고 한다.

의무란 법칙에 대한 존경심 때문에 어떤 행위를 할 수밖에 없는 것이다. 나의 내 행위가 일으킨 작용인 객체[나의 행위에서 나온 결과물]에 대해 경향성을 가질 수는 있지만 결코 존경심을 가질 수는 없다. 그것이 다만 하나의 작용일 뿐 의지의 활동성은 아니라는 바로 그 이유 때문이다. 마찬가지로 나는, 나의 것이든 다른 사람의 것이든 경향성 그 자체에 존경심을 가질 수 없다. 기껏해야 나의 경향성을 인정할 수 있을 뿐이고, 다른 사람의 경향성은 나에게 이익이 된다고 생각해서 때로 좋아할 수 있을 따름이다. 오직 내 의지의 원인일 뿐 결코 작용이 아닌 것, 나의 경향성에 봉사하지 않고 오히려 그것을 극복하는 것, 최소한 선택을 계산할 때 경향성을 완전히 제외하는 것만이, 따라서 단순한 법칙 자체만이 존경심의 대상이 될 수 있고 그래서 명령이 될 수 있다. 이제 '의무에서' 하는 행위는 경향성의 영향을, 그리고 경향성과 함께 의지의 모든 대상을 완전히 떼어놓아야 한다. 그러므로 의지를 결정할 수 있는 것으로 남아있는 것은 객관적으로는 법칙뿐이고, 주관적으로는 이런 실천적 법칙에 대한 존경심, 따라서 나의 모든 경향성을 버리더라도 그 법칙을 따르겠다는 준칙뿐이다.[22]

의무의 개념은 그러므로 행위에서는 객관적으로 법칙과의 합치를 요구하고, 그러나 행위의 준칙에서는 주관적으로 법칙에 의해 의지를 규정하는 유일한 방식인 법칙에 대한 존경을 요구한다. 바로 이 점에 의무에 맞게 행위 했다는 의식과 의무에서, 다시 말해 법칙에 대한 존경으로 인해 행위 했다는 의식 사이의 구별이 의거한다. 이 가운데 전자(합법칙성)는 경향성들이 순전히 의지의 규정 근거들인 때에도 가능하지만, 그러나 후자(도덕성), 곧 도덕적 가치는 오로지, 행위가 의무에서, 다시 말해 순전히 법칙을 위해 일어나는 데에만 두어져야 한다.[23]

　　존경이라는 감정은 칸트의 윤리학을 이해하는 데 있어서 중요한 의미를 가지는데, 그것은 존경이 어떤 감각적인 대상을 향해 있지도 않고 우리의 본성적인 경향성이나 욕구를 만족시키는 것과도 거리가 있다. 존경이라는 감정은 나 혹은 우리의 의지가 어떤 감각적인 대상의 간섭을 받지 않고 법칙에 복종하는 의식으로부터 발생한다. 그래서 칸트는 존경을 '이성 개념에 의해 스스로 산출된 느낌'이라고 하였다. 물론 우리가 법칙에 대한 존경이라고 할 때, 법칙은 형법, 사법, 공법 등과 같은 것이 아니라 도덕 법칙 내지 실천법칙을 의미한다. 더욱이 도덕 법칙은 선험적인 법칙이며, 이 법칙은 경험적이

---

22 임마누엘 칸트, 이원봉 옮김, 같은 책 38-39쪽.
23 임마누엘 칸트, 백종현 옮김, 같은 책 184쪽

고 현실적인 세계에 적용된다. 실천법칙은 의지의 주관적인 원리인 준칙과 객관적 원리인 실천법칙이 서로 대비될 때 가장 잘 이해된다. 모든 이성적 존재가 그러하듯이 우리의 의지가 이성에 의해 전적으로 지배되기는 하지만, 우리의 성향과 욕구들은 이성에 의해서만 지배되지 않는다. 바로 이런 경우에 통용되는 합법칙성이 곧 실천법칙이다. 이처럼 우리는 법칙에 대한 존경심을 가져야 한다. 왜냐하면 법칙에 대한 존경심을 가져야만 우리가 하는 행위는 진정 의무에서 한 행위라고 말할 수 있기 때문이다. 우리가 도덕 법칙에 대한 존경으로부터 행위 해야 한다고 느낄 때, 이런 생각을 하게 되는 당위적인 필연성이 바로 의무감이며, 이 의무감이야 말로 바로 선한 의지의 실체라 할 수 있다.

그런데 여기서 한 가지 중요한 의문이 발생한다. 그것은 바로 칸트의 윤리학에서 감정이라고 하는 것은 칸트가 보편적 도덕성이라는 관점에서 상당히 멀리하고자 했던 것이다. 그런데도 그가 존경이라는 감정을 들고 나온 것은 언뜻 이해가 되지 않는다. 특히 인간의 감정은 이성의 명령을 방해하는 주관적인 것일 뿐만 아니라 선한 의지의 규정근거가 될 수도 없다. 이런 측면에서 보면, 그의 윤리학은 존경이라는 감정으로 인해 많은 비판을 받을 위기에 처한 것이다. 그러나 다행히도 칸트 역시 이러한 내용에 대해서 예상하고 있었고, 오해를 발생시키지 않기 위해 다음과 같이 말한다.

사람들은 내가 이성적 개념을 사용해 문제를 명확하게 해결하는 대신, 존경심이라는 단어를 앞세워 막연한 감정 속으로 도망가려 한다고 비난할 수도 있다. 그렇지만 존경심이 하나의 감정이기는 하지만, 그것은 [외부의] 영향에 의해 받아들여진 감정이 아니라 이성개념 자신이 일으킨 감정이므로, 경향성이나 공포심으로 돌려질 전자의 모든 종류의 감정들과 확연히 구별된다. 내가 나에 대한 법칙으로 직접 인식하는 모든 것을 존경심을 갖고 인식하는데, 존경심이란 단지 내 감각에 미치는 다른 영향들을 거치지 않고도 나의 의지가 어떤 법칙아래 종속되어 있다고 의식하는 것을 의미할 뿐이다. 법칙을 통해 의지를 직접적으로 결정하는 것과 그것을 의식하는 것이 존경심이고, 따라서 존경심은 주체에게 법칙이 일으킨 작용으로 생각되며 법칙의 원인으로 생각되지 않는다.[24]

더 나은 이해를 위해 하나의 예를 들어보자. 나는 어떤 할머니가 무거운 짐을 들고 힘겹게 걸어가는 모습을 보았다. 할머니를 보는 순간 가서 도와드려야겠다는 생각이 들었고, 그런 생각을 실천하였다. 그런데 나는 잊지 못할 정도로 그 행동에 대한 아주 좋은 감정을, 즉 다른 사람을 도와주는 행위가 아주 좋은 일이라는 감정을 가지게 되었다. 분명 내가 좋

---

[24] 임마누엘 칸트, 이원봉 옮김, 같은 책, 191쪽.

은 감정을 가지게 된 것은 할머니를 도와줌으로 인해 발생한 결과물이다. 위에서 말한 대로 외부 영향에 의해 받아들여진 감정이다. 그런데 이런 감정을 산출하는 행위는 우리의 욕구나 경향성으로부터 나오는 것들이기 때문에, 칸트의 관점으로 보면 이 행동은 도덕적인 가치를 갖지 못한다. 왜냐하면 앞으로 내가 또 다른 누군가를 도와주는 것이 그 행위를 통해 좋은 감정을 느끼기 위해서일 수도 있기 때문이다. 이는 도덕성이 감정이라는 경향성의 도구로 사용되었다는 것, 즉 수단으로 전락했다는 것을 의미하므로 참된 도덕적 가치를 갖지 못하는 것이다. 그런데 칸트는 법칙에 대한 존경은 행위에 선행할 뿐만 아니라 이성 자체에 의해 나오는 감정이라고 한다. 존경은 앞서 말한 감정처럼 무언가를 기대하거나 예상하여 도출되는 그런 감정이 아니라는 것을 의미한다. 또 다른 하나의 예를 들어보자. 어떤 사람이 노약자 혹은 고아, 장애아 등 다른 사람을 돌보는 봉사활동을 하러간다고 하자. 그 사람은 사실 봉사활동을 할 마음이 없다. 왜냐하면 회사에서 진행하는 봉사활동이라 자신은 가고 싶지 않지만 마지못해 가는 것이기 때문이다. 여기서 봉사활동의 당사자는 경향성 내지 욕구에 더 충실한 방식으로 삶을 살아가는 사람이므로 이 사람이 도덕적 행위, 곧 다른 사람을 돕는 행위를 하기 위해서는 자신의 경향성과 욕구를 극복해야 한다. 그런데 행위의 당사자는 현재 도덕적 행위를 방해하는 경향성이나 욕구와 같은 장애물을 극복하지 못한 상태이다. 타의에 의해 참여한 봉사활동에서, 행위의 당자사가 봉사활동 초반에는 소극적인 자세로 다른 사람들을 대하지만, 봉사활동 중반 내지 후반에 이르러서는 다른 사람들을 돕는 선한 행위가 상당히 의미 있고 가치 있는 일임을 몸소 알게 되고, 향후에도 계속 이런 활동을 해야겠다는 생각을 적극적으로 하게 되었다. 이런 상황에 덧붙여서, 봉사행위의 당사자는 경향성의 유혹을 극복하고 앞으로는 선한 행위를 해야겠다는 삶의 태도의 변화를 다짐한 상황이다. 또한 이 상황에서 행위자에게 존경이라는 감정이 작용하였다고 보여지는데, 그것은 욕구나 경향성의 노예로 전락한 삶을 살기보다는 이들을 극복하고 보다 가치 있는 삶을 살고자하는 삶에의 의지가 도덕 법칙에 대한 존경 감정으로 인해 가능하게 된 것이다. 따라서 우리의 도덕적인 관심이 반드시 행위로 실현되지는 않지만, 도덕적 관심이 실천으로 이어지게 하려면 결국 이성 자체로부터 나오는 도덕 법칙에 대한 존경심이 이 양자를 연결하는 역할을 해야 한다. 다시 말하면, 우리는 자신도 힘든 상황인데 남을 도우면 선을 실천하면서 살아가는 사람들에 대해 존경의 마음을 가진다. 그만큼 우리가 경향성의 유혹을 물리치고 이성의 명령에 따라 도덕 법칙을 나 자신의 행위의 준칙으로 삼고, 이를 통해 의무를 이행하는 데는 이성의 역할만으로는 부족하며 감정의 역할도 중요하다.

칸트에 의하면, 행위의 도덕적인 가치는 그 행위가 산출하는 결과에 있지 않고, 또한 기대되는 결과로부터 행위의 동기가 되는 어떤 행위 원리에도 있지 않다. 왜냐하면 자신의 행복, 다른 사람의 행복 증진 등과 같은 모든 결과는 다른 원인들에 의해 성취될 수 있으므로, 모든 결과들을 위해 이성적 존재의 의지가 필요한 것은 아니기 때문이다. 하지만 무조건적인 최고의 선은 오로지 이성적 존재의 의지 안에서만 발견될 수 있는 것이다. 오직 법칙에 대한 표상, 다시 말하면 법칙을 떠올리는 것 자체만이 우리가 도덕적이라고 부르는 탁월한 선을 이룬다. 이 탁월한 선은 이미 도덕적으로 행위 하는 인격 자체 안에 있는데, 우리는 그 탁월한 선을 결코 행위의 결과로부터 기대해서는 안 된다.

우리가 어떤 선택을 하고 그 선택을 위해 행위로 나아갈 때, 우리는 경향성 및 욕구보다 더 중요할 뿐만 아니라 경향성을 무시하는 어떤 것에 대해 존경심을 느낄 수 있다. 그것은 다름 아닌 의무로서, 그 의무는 그 자체로 법칙이어야 한다. 법칙이 우리의 의지를 구속하고 있기 때문에, 우리가 존경심을 느낀다는 것은 매우 중요하다. 느낌과 같은 그 어떤 감정도 구속력을 갖는 도덕 법칙의 토대일 수는 없고, 도덕 법칙이 특별한 도덕 감정의 근거가 된다. 정리해보면 칸트에 있어서 법칙에 대한 존경으로부터 행위 하는 것은 의무에서 행위 하는 것 혹은 법칙 그 자체로부터 행위 하는 것과 같은 의미이다. 우리가 욕구나 경향성을 지니고 있음에도 법칙을 주관적인 행위원리인 준칙으로 선택하게 하고, 그로 인해 우리는 의무 혹은 법칙에서 행위 할 수 있다. 결국 존경심은 우리가 법칙을 객관적인 원리로서 인식하는 것과 그 법칙을 주관적 행위원리인 준칙으로 선택하는 것 사이의 가교가 될 것이다. 감정이 없는 인간은 없으며, 더욱이 인간의 말과 행동에 감정의 영향이 정도의 견지에서 얼마든지 영향을 미칠 수 있다는 사실은 더욱더 인간의 도덕적 행위를 위해 도덕 감정의 역할이 상당히 중요함을 우리에게 알려준다. 칸트는 분명히 의무가 법칙에 대한 존경으로부터 유래하는 행위의 필연성이라고 한다. 그러나 존경이 법칙에 의한 의지의 직접적인 규정과 그 규정에 대한 의식이기는 하지만, 존경의 감정을 법칙에 대한 결과로 간주할 수는 있으나 원인으로는 간주할 수 없다. 왜냐하면 존경이라는 감정은 이성 그 자체에 의해서 산출되는 감정이기 때문이다.

6. 이성의 강제 :
가언명령과 정언명령*

인간이 그저 욕망에만 머무는 존재, 이른바 본능적인 욕구만을 추구하면서 살아가는 존재라면, 인간은 도덕적 삶이 무엇인지 알지도 못할뿐더러 그런 삶을 위해 살아가지도 못할 것이다. 이렇게 보면 인간은 본능에 충실한 방식으로만 살아가는 동물과 다를 바가 없다. 그러나 인간은 본능적이고 자연적인 욕구를 추구하면서 살아가는 존재이기도 하지만 동시에 자신의 욕구를 충족하는 차원을 넘어 삶의 의미와 가치를 추구하는 존재이기도 하다. 이처럼 인간은 본능적인 존재이자 의미를 추구하는 존재로서 두 세계에 속해 있다. 인간이 속해 있는 두 세계는 인과성을 토대로 한 자연법칙이 지배하는 감

---

* 이 부분은 문성학의 『칸트 윤리학과 형식주의』, 애링턴의 『서양윤리학사』, 회페의 『임마누엘 칸트』, 루드비히의 『쉽게 읽는 칸트-정언명령』으로부터 많은 도움을 받았다.

성적 세계, 즉 현상적 세계와 자유의 법칙이 지배하는 지성적 세계, 즉 예지적 세계이다. 또한 감성적 세계에 속한 인간은 감각적 존재이고 지성적 세계에 속한 인간은 입법적 존재이다. 보다 상세히 말하자면, 감각적 존재로서 인간은 시간에 종속되어 있고 그래서 자신이 경험적인 주체임을 의식하지만, 입법적 존재로서 인간은 예지적 주체이며 시간 개념에 종속되지 않는다. 따라서 인간은 자연의 법칙과 자유의 법칙에 지배를 받는 존재이며, 이런 인간에게는 두 개의 세계가 펼쳐지는데, 하나는 주어진 세계이며 다른 하나는 부과된 세계이다.

왜냐하면 현상하고 있는 사물(이것은 감성계에 속한다)은 어떤 법칙[자연 법칙]에 복종하지만, 바로 그 동일한 것이 사물 그 자체 또는 존재 그 자체일 때는 그 법칙에서 독립해 있다는 것이 전혀 모순되지 않기 때문이다. 그리고 그가 자기 자신을 이렇게 이중으로 표상하고 사유해야 한다는 것이, 첫 번째와 관련해서는[자연 법칙에 복종할 때는] 자기 자신을 감각에 의해 촉발되는 대상으로 의식하는 데서 기인하고, 두 번째와 관련해서는[자연 법칙에서 독립해 있을 때는] 자기 자신을 지성적 존재로, 즉 감각적인 인상들에서 독립해서 이성을 사용하는 존재로(따라서 지성계에 속하는 존재로) 의식하는 데 기인하기 때문이다.[25]

---

[25] 임마누엘 칸트, 이원봉 옮김, 같은 책 131–132쪽.

　이처럼 인간은 두 영역의 세계를 바라보면서 자연의 법칙과 자유의 법칙에 의해 많은 영향을 받으며 살아간다. 칸트는 그 자체로 선한 행위는 선의지를 바탕으로 '의무와 맞는' 행위가 아니라 '의무에서' 한 행위라고 주장한다. 특히 그는 행위의 도덕적 가치를 판단함에 있어서 이성의 명령을 방해하는 욕구 및 경향성은 도덕적 가치를 갖지 못한다고 단호하게 말한다.

　인간을 포함한 자연의 모든 것들은 법칙에 따라 움직인다. 이 말은 상식적인 것으로서, 우리는 계절의 변화라든가, 사물의 위치변화, 배고픔을 달래는 행위 등 모든 것 안에는 나름의 법칙이 깃들어 있다는 데에 이견을 달 필요가 없다. 하지만 인간은 이성적인 존재로서 자신의 의지에 따라 어떤 행동을 하겠다는 행위의 법칙을 세울 수 있고 또 그에 따라 행위할 수 있다. 이것이 인간만이 가지고 있는 유일한 능력으로 소위 의지라는 것이며, 우리는 이 의지를 통해 자신의 삶 또는 특정 행위를 위한 원리를 세울 수가 있다. 예를 들어 나는 이번 여름 해수욕장에 가기 위해 식이요법과 운동 등을 통해 원하는 몸매를 만들겠다고 생각했다고 하자. 그래서 나는 배가 고프면 본능적으로 밥을 먹어야 하는데도, 원하는 몸을 만들기 위해 밥을 조금 먹거나 아예 먹지 않고 끼니를 거를 수 있다. 나의 이러한 행동은 배가 고프면 음식을 먹어야 한다는 일종의 자연법칙에 위배되는 어떤 법칙을 세우고 그에 따라 실천하고 있음을 의미한다. 이렇게 볼 때 자연적 욕구에 따라 생활하는 것, 즉 자연법칙에 종속되는 방식으로 살아가는 것은 특별히 이성의 역할을 기대하거나 요구할 필요가 없지만, 자신이 바라는 삶의 목적과 그 목적을 달성하기 위한 행위를 실제로 행하기 위해서는 어떤 원리나 법칙을 세우는 이성의 역할과 기능이 요구될 수밖에 없다. 따라서 칸트는 인간이 따라야만 하는 행위를 선택하는 능력을 의지라고 하였으며, 동시에 이런 의지를 실천이성이라고 불렀다. 물론 칸트가 말하는 의지는 실천 법칙으로 향해 있는 의지, 곧 실천 법칙으로 향할 의지를 말한다. 일반적 의미에서 우리가 말하는 자유 의지는 우연적이거나 임의적인 방식으로 작용하는 것으로 이해되는데, 이런 이해를 통해서 보면 인간은 자신이 기분 내키는 대로 원하는 어떤 것을 마음대로 할 수 있다는 그런 존재이다. 그런데 칸트가 인간의 의지를 실천 법칙으로 향할 의지라고 하는 것은 인간의 의지가 항상 이성에 의해 작동되지는 않는다는 것을 말한다. 다시 말하면 인간의 의지는 이성이 명령하는 실천 법칙을 향해있지만, 실제로 일어나는 인간의 행위는 정작 이성의 명령에 따라 이루어지지 않을 수도 있다는 것이다. 이러한 인간의 의지와 행위의 불일치가 발생하는 이유는 인간에게는 이성만 있는 것이 아니라 감정과 욕구들도 있어서, 그것들이 인간으로 하여금 실천법칙에 따르고자 하는 행위를 방해한다는 데 있다. 물론 인간의 감정과 욕구들은 그 자체로 의미도 있고 좋은 것이기는 하지만 그 감정과 욕구들이 도덕적인 문제들과 결부될 때에는 늘 문제가 된다. 바로 이런 이유로 인해, 인간의 의지는 이성에 의해 강제되어야 한다. 따라서 칸트가 말하는 강제는 의지를 강제하는 것으로서 하나의 지시이며, 이런 지시를 정식화 한 것이 바로 명령이다.

자연의 모든 것은 법칙에 따라 움직인다. 오직 이성적인 존재만이 법칙에 대한 표상에 따라, 즉 원칙에 따라 행위 하는 능력을 갖는데 이것이 의지이다. 행위를 법칙에서 이끌어내기 위해서는 [법칙에 따라 행위 하기 위해서는] 이성이 요구되기 때문에, 의지는 바로 실천적 이성인 것이다. 이성이 의지를 불가피하게 결정한다면[의지가 항상 이성을 따른다면], 그러한 존재의 행위는 객관적으로 필연적이라고 인식되며 또한 주관적으로도 필연적이다. 다시 말해 그러한 경우의 [객관적으로도 주관적으로도 필연적인] 의지는, 이성이 경향성을 떠나, 필연적으로 실천적이라고 인식하는, 즉 선하다고 인식하는 바로 그것만을 선택하는 능력인 것이다. 그러나 이성이 혼자 힘으로는 의지를 충분히 결정하지 못하는, 의지가 아직 객관적인 조건들에 항상 일치하는 것은 아닌 주관적인 조건들(어떤 동기들)에 매여 있는, 한마디로 의지가 그 자체로 충분히 이성에 맞지 않는 경우가 있다. 그러면 객관적으로는[이성에 따라] 필연적이라고 인식되는 행위가 주관적으로는[의지에 따라] 우연적이라고 인식될 것이고, 그 의지가 객관적인 법칙에 따라 내리는 결정은 강제가 될 것이다. 즉 완전하게 선하지는 않은 의지[인간의 의지]와 객관적 법칙의 관계는 이성적인 존재의 의지를 이성에 근거해서 결정하는 것으로 표상되지만, 이 [인간의] 의지는 그 본성상 이성이라는 근거를 필연적으로 따르지는 않는 것이다.

객관적 원칙에 대한 표상의 의지를 강제하는 한[객관적 법칙을 생각하는 것만으로도 그 법칙에 따라 행위 하게 된다면] 그 표상을 (이성의) 명령이라고 부르고, 그 명령의 표현 양식을 명령법이라고 부른다.

모든 명령법은 '해야만 한다'로 표현되고, 그렇게 함으로써 이성의 객관적 법칙이 의지에 대해 갖는 관계를 보여주는데, 그 의지는 자기의 주관적 성질 때문에 그 법칙을 필연적으로 따르지는 않는다(그렇기 때문에 강제인 것이다). 모든 명령법은 어떤 것을 하는 것 또는 하지 않는 것이 선이라고 말하는데, 그것을 드는 의지는 어떤 것을 하는 것이 선하다는 생각이 들었다고 해서 언제나 그 일을 하는 것은 아니다.[26]

우리의 의지를 강제하여 따르게 하는 명령에는 두 가지 형식이 있는데, 하나는 가언적으로 명령하는 것이고 다른 하나

---

[26] 임마누엘 칸트, 이원봉 옮김, 같은 책, 58–59쪽.

는 정언적으로 명령하는 것이다. 보다 세부적으로 칸트는 인간의 행위가 과연 진정한 도덕적 가치를 가지는가와 관련하여 두 가지 명령을 구분하여 제시하는데, 하나는 가언명령(Hypothetisch Imperativ)이고, 다른 하나는 정언명령(Kategorisch Imperativ)이다. 만약 우리가 이성에 의해서 어떤 행위가 욕구가 바라는 목표를 달성하도록 강제된다면, 이 때 이성은 우리에게 욕구가 바라는 목표를 수행하라는 가언 명령을 제시한다. 가언명령은 어떤 행위가 우리가 의욕하는 다른 어떤 것에 도달하기 위한 수단으로서, 이에 따르는 행위는 진정한 도덕적 가치를 갖지 못하지만, 이와는 달리 정언명령은 더 이상의 어떤 목적과는 관계없이 그 자체로 객관적이며 필연적인 것이기에 우리에게 행위 하도록 명령하며, 이에 따르는 행위는 진정한 도덕적 가치를 가진다.

모든 명령법은 가언적[조건적]이거나 아니면 정언적[무조건적]으로 명령한다. 가언적 명령법은 할 수 있는 어떤 행위를 반드시 해야만 하는 이유가 달성하려고 하는(또는 달성하고 싶다고 바랄 수 있는) 다른 어떤 행위를 이루어주기 때문이라고 생각한다. 정언적 명령법은 행위를 그 자체로서 다른 목적에 상관없이 객관적으로 필연적이라고 생각하는 명령법일 것이다.[27]

---

[27] 임마누엘 칸트, 이원봉 옮김, 같은 책 60쪽

'우리가 그 어떤 경우든 거짓말을 해서는 안 된다'는 것은 정언명령에 적합한 예라고 할 수 있지만, '만약 당신이 지금의 힘든 상황을 벗어나고자 한다면 이번 일에서 당신이 맡은 역할과 관련하여 당신은 거짓말을 하는 것이 나을 것이다'는 것은 가언명령에 적합한 예이다. 다시 말해서 어떤 행위가 단지 다른 어떤 것을 위해 수단적으로서만 선하다면, 이를 위한 행위는 참된 도덕적 가치를 가지지 않을 뿐만 아니라 조건적인 타당성을 가진다. 반면에 어떤 행위가 그 자체로 선하다면, 이 행위는 정언명령에 의한 것으로 참된 도덕적 가치를 가지는 것은 물론이고 무조건적으로 타당하다. 앞서 우리는 '의무와 맞는' 행위와 '의무에서'의 행위를 살펴보았는데, 이 두 유형의 행위를 비교해보면 가언적인 행위와 정언적인 행위의 차이를 분명히 확인할 수 있다. 상인의 예에서, 우리는 상인이 자신의 이익의 극대화를 위해 고객들에게 언제나 친절하고 정직해야 한다는 관점으로부터 그 상인의 태도를 평가할 수 있다. 상인의 태도는 자신의 이익을 높이고자 하는 목표로부터 나오는 것이기 때문에 진정한 도덕적 가치를 가지지 못하고 조건적인 타당성만을 가질 뿐이다. 마찬가지로 칸트 이전의 윤리학과 대비되는 대표적인 윤리학이 바로 아리스토텔레스의 행복의 윤리학인데, 말하자면 아리스토텔레스는 우리가 행복해지기 위해서 도덕적으로 행위 해야 한다고 주장한다. 아리스토텔레스의 이와 같은 주장은 분명 무조건적인 타당성과 참된 도덕적 가치를 갖는 행위가 아니라는 것은 보다 세부적으로 분석하지 않더라도 알 수 있다.

모든 실천적 법칙은 어떤 가능한 행위를 선하다고 표상하고, 선하기 때문에 이성이 결정한 대로 실천하는 주체에게 필연적이라고 표상하므로, [실천적 법칙을 표현하는] 모든 명령법은 어떤 종류든 선한 의지의 원칙에 따르자면[선해지려면] 필연적으로 해야 하는 행위가 무엇인지 결정하는 표현 양식들이다. 그래서 그 행위가 단지 다른 것에 대해 수단으로써만 선하다면 그 명령법은 가언적이다. [반면에] 그 행위가 그 자체로 선하다고 생각되고, 따라서 스스로 이성을 따르는 의지에 필연적인 것으로, 그 의지의 원칙으로 생각된다면 그 명령법은 정언적이다.[28]

가언적이라는 것은 과연 무엇을 의미하는가? 개념의 이해를 위해 보다 논리적으로 접근해보도록 하자. 가언이라는 것은 '앞서서 혹은 미리 전제한다'는 의미이다. 우리는 종종 'A를 하고자 한다면 B를 해야 한다'고 말하는 경우가 있다. 이 말은 A라는 것을 원한다면 B를 행해야 한다는 것, 다시 말해 A를 위해서는 B를 해야 한다는 식의 연결만을 말해주고 있을

---

[28] 임마누엘 칸트, 이원봉 옮김 같은 책 60~61쪽.

뿐이다. 예를 들어, 우리는 "만약 네가 성공한 가수가 되고자한다면, 너는 매일 세 시간씩 노래를 연습해야한다"라고 말할수 있다. 이 문장을 자세히 들여다보면, 훌륭한 가수가 되기위해서라는 목적을 위해 노래 연습을 해야 한다는 것이다. 그리고 이 의미를 반대로 접근해보면, 순수한 차원의 노래연습의 의미는 온데간데없고, 오로지 성공한 가수가 되기 위해서는 하루에 세 시간씩 노래를 연습해야 한다는 것을 의미한다. 따라서 어떤 사람이 하루에 세 시간씩 노래연습을 하는 이유는 어디까지는 성공한 가수가 되겠다는 목적에 부합될 뿐이다. 그러니 성공한 가수가 되기 위해 하루에 세 시간씩 노래연습을 하라는 명령은 모든 사람에게 수용될 만큼 타당하고 필연적인 명령이 아니다. 이는 어디까지나 성공한 가수가 되겠다는 전제에 대한 명령일 뿐, 성공한 가수가 되는지의 여부와 관계없이 보편적인 의미에서 순수하게 노래를 잘 부르기위한 연습을 명령하는 것은 아니다. 다시 한 번 언급하지만칸트는 이론의 영역에서 학문이 학문으로서의 자격을 얻으려면 보편성과 타당성을 가져야 하듯이 이와 마찬가지로 실천의 영역에서 도덕성이 그 무엇에 의해서도 왜곡되거나 상대적일 수 없는 것으로 자리매김하기 위해서는 역시 보편성과타당성을 가져야 한다고 보았다. 이런 칸트의 입장이 동시대및 그 이전 시기의 윤리학과 다른 방식으로 자신의 윤리학을전개시켰으며, 그 결과로서 자율적 자유를 지닌 인간이 자기

입법성을 통해 자신의 행위와 관련되는 실천의 영역에서도 객관성을 확보하는 것이 가능하다고 보았다. 실제로 근대 시기를 이해함에 있어서 칸트는 상당히 중요한 인물이며, 그의 철학에서 핵심 개념 중 하나인 자유라는 개념은 칸트에 의해 비로소 새로운 철학적 토대를 얻는다. 자주 등장하는 표현으로 인간은 자연의 법칙에 종속되는 존재이면서 동시에 자유의 법칙에 종속되는 존재이다.

여기서 분명히 확인할 수 있었던 것은 바로 어떤 행위에 대해 수단적으로서만 선하고 조건적으로만 타당한 가언명령은 분명히 인간의 욕구 및 경향성과 밀접한 관련을 맺고 있다는 점이다. 만약 누군가가 어떤 대상을 욕구하거나 어떤 목적을 달성하기를 원한다면, 이성은 그에게 그 대상에 도달할 수 있는 방법 혹은 그 목적을 달성할 수 있는 수단에 관한 명령을 내릴 것이다. 각 개인의 욕구나 경향성은 서로 다르므로 어떤 사람에게 가언적으로 명령된 것이 또 다른 사람에게는 같은 방식으로 명령될 수가 없다. 왜냐하면 어떤 사람에게 명령된 가언명령이 또 다른 사람에게 명령되려면, 그 명령의 근거와 그 명령의 근거가 되는 욕구가 같아야 하는데 사람들이 원하는 욕구와 그 욕구의 근거가 모두 같을 수는 없기 때문이다. 게다가 가언명령에 따르려는 특정한 욕구를 가지는 사람도 그 욕구를 제거해 버리는 순간 가언명령을 반드시 따를 필요는 없다. 그래서 칸트는 가언적 명령법은 명령된 그 행위가,

어떠한 가능한 의도나 현실적 의도를 고려할 때 선하다는 것만을 말한다. 가언적 명령법에 있어서 가능한 의도에 관한 것은 개연적인 실천원칙이고, 현실적 의도에 관한 것은 단언적인 실천원칙이다.

가언명령에 대한 이해를 위해 보다 더 상세히 살펴보자. "당신이 영어를 배울 계획이 있다면, 당신은 이런 방법들을 선택하고 활용해야 한다"와 관련해서 접근해보자. 우리는 이 문장에서 두 가지 점을 발견할 수 있는데, 하나는 이 문장에서 명령된 행위가 어디까지나 영어를 배우겠다는 목적을 달성하는 데 좋은 행위로 여겨지고 있다는 점이다. 다시 말하면 영어를 배우는 것이 행위자 자신을 위해 실행되어야 하는 행위로서 명령되는 것이 아니라 어디까지나 영어를 배우기 위한 수단 내지 방법으로써만 명령되고 있을 뿐이다. 칸트는 이런 명령을 가언명령이라고 한다. 다른 하나는 영어를 배우겠다는 목적은 모든 사람이 본성상 추구하는 그런 목적이 아니다. 어떤 사람은 영어를 배우고 싶어 하겠지만 또 다른 사람은 독일어를, 그 외의 다른 사람은 외국어 자체를 배우고 싶어 하지 않을 수도 있다. 그러므로 이 명령은, 우리가 조건명제의 형식에서 잘 알 수 있듯이, 영어를 배울 계획이 있다면 이런 방법들을 선택하고 활용해야 한다는 것만을 말할 뿐이다. 칸트는 이와 같은 명령을 개연적 가언명령 혹은 숙달의 명령이라고 한다. 그런데 기술적 관점에서 명명되는 숙달의 명령은 도덕과는 그 자체로 관계가 없다. 영어를 배우기 위해 이런 방법을 선택하라는 명령은 어디까지 우리가 원하는 목적이나 원치 않는 목적을 달성하는 데 유용하기 때문에 명령될 뿐이다. 따라서 기술적 명령을 실행하는 것은 도덕적인 것일 수도 있고 비도덕적인 것일 수도 있다. 또 하나의 예로 "당신은 본성상 행복해지기를 원한다. 따라서 당신이 행복해지기 위해 이러저러한 행위들을 해야 한다"를 살펴보자. 앞서 설명했듯이, 이 문장이 의미하는 명령 역시 가언적인데, 그 이유는 행복을 위한 수단적 의미로서 특정한 행동을 해야 한다고 명령하고 있기 때문이다. 하지만 이 명령은 개연적인 가언명령이 아니라 단언적인 가언명령이다.

칸트는 가언명령에 숙련 또는 영리함의 규칙이라는 이름을 부여하였다. 앞서 얘기하였지만, 행복을 추구하려는 우리의 욕구가 끊임없이 유지된다는 점을 가정한다면, 우리는 행복이라는 목적을 달성하라는 이성의 명령으로부터, 다시 말해 행복을 위해서라면 무엇이든 해야 한다는, 심지어 그 명령이 도덕적이든 비도덕적이든 관계없이 해야 한다는 명령으로부터 벗어날 길은 없다. 여기서 분명히 드러나는 것은 우리의 행위가 도덕적 명령에 의한 것이든 비도덕적 명령에 의한 것이든 간에 행복을 위해서만 우리는 그 명령에 따라 행동한다는 것이다. 그러므로 우리는 정언적으로 행동한 것이 아니라 행복이라는 목적을 달성하기 위해 가언적으로 행동한 것일 뿐이다. 즉 어떤 행위가 행복을 촉진하는 수단이기 때문에 그 행위를 필연적으로 실천해야 한다고 생각하는 것은 가언명령으로부터 기인한다. 그렇기 때문에 칸트가 보기에 아리스토텔레스의 윤리학은 진정한 도덕적 가치를 지닌 행위가 들어설 자리가 없다. 칸트는 개연적 가언명령이든 단언적 가언명령이든 간에 가언명령은 도덕적인 명령일 수 없다고 본다. 따라서 진정한 도덕적 명령은 정언명령이어야 한다. 도덕적인 명령은 행위가 어떤 목적을 위한 수단이어서가 아니라 그 자체로 선한 것이기 때문에 행위를 명령하는 것일 뿐이다. 이런 명령을 칸트는 필연적 명령이라고 부른다. 정언적 명령법은 그 명령된 행위가 어떤 의도와도 상관없이, 즉 어떤 다른 목적 없이 그 자체로 객관적으로 필연적이라고 선언하므로 필연적인 실천원칙이라 할 수 있다.

자 그럼 이제 우리는 칸트 철학에서 늘 자주 언급되는 용어인 정언명령을 살펴보도록 하자. 신기하게도 철학을 싫어하거나 잘 모르는 사람조차 철학자 칸트의 이름은 들어본 적이 있다거나 또는 중·고등학교 시절에 배워본 적이 있다고 말한다. 그리고 학창시절 칸트와 관련하여 배운 것 중 무엇이

기억에 남느냐고 물어보면, 대개 나오는 답변 중에 대표적인 것이 바로 정언명령이다. 물론 칸트의 철학을 대표하는 개념이나 용어가 더 있기는 하지만, 정언명령은 그의 철학을 대표하는 개념임은 분명하다. 정언명령에 대한 명확하고 올바른 이해는 가언명령과의 대비 속에서 이루어져야 한다. 정언명령과 가언명령의 차이를 확연하게 구분해주는 것은 다름 아닌 의지의 강제성이다. 다시 말하면 명령의 내용이 보편적이냐 아니냐에 따라서 우리가 어떤 행위를 할 때 반드시 따라야 하는지 아닌지를 결정할 수 있다. 가언명령은 단지 조건적인 타당성만 갖기 때문에 무조건적인 법칙의 특성을 가지지 못한다. 앞서 우리가 살펴본 예에서 훌륭한 가수가 되려면 하루에 세 시간씩 노래 연습을 해야 한다는 명령은 어디까지는 훌륭한 가수가 되고자 하는 목적에 한해서만 타당하고 강제성을 가질 뿐이었다. 이와는 달리 정언명령은 무조건적인 타당성을 가져야 하는데, 정언명령은 그 어떤 경우에도 예외를 허용하지 않고 모든 상황에서 타당성을 갖는다. 그래서 정언명령은 조건적인 강제가 아니라 무조건적인 강제를 가지는데, 강제라는 것은 오로지 법칙에 의거할 경우에만 정언적일 수 있다. 물론 법칙이라는 것은 구속성과 외적인 강제성을 의미하는 법체계에서의 형법, 사법과 같은 그런 성질의 법칙이 아니라 어디까지나 개인이 자율적으로 입법하는 실천적 법칙 혹은 도덕 법칙을 의미한다.

끝으로 어떤 한 행동을 함으로써 다른 의도를 달성할 수 있는지 없는지에 상관없이 직접적으로 그 행동을 명령하는 명령법이 있다. 이 명령법은 정언적이다. 이 명령법은 행위의 내용과 그 행위에서 따라 나와야 하는 것[행위의 결과]과 관계있는 것이 아니라, 그 행위 자체가 따르는 형식과 원칙과 관계있다. 그래서 그 행위의 본질적 선은 결과에 상관없이 '마음의 태도'에 달려 있다. 이 명령법을 도덕성(Sittlichkeit)의 명령법이라고 불러도 좋을 것이다.[29]

그런데 도덕성의 명령법인 정언명령은 어떻게 도출되는가? 다시 말하면 우리가 법칙으로서 따라야 할 정언명령은 과연 어떻게 연역되는가? 이 질문에 대해 칸트는 분명하게 말한다. 도덕 법칙은 결코 경험 혹은 예시 등을 통해 연역될 수 있는 것이 아니며, 단지 우리의 이성이 하나의 사실로서 알고 있다고 주장한다. 그의 이런 주장은 도덕 법칙의 연역을 논리적인 과정으로 증명할 수는 없지만, 그럼에도 우리의 이성은 그 법칙에 따라 행동해야 한다는 것을 하나의 사실로서 알고 있다는 의미이다. 여기서 그 유명한 이성의 사실(Faktum der Vernunft)이라는 말이 등장한다. 이와 관련하여 칸트는 '의지를 움직인 원인이 존재하지 않는다는 것을 누가 경험을 통해 증

---

29 임마누엘 칸트, 이원봉 옮김, 같은 책, 63-64쪽.

명할 수 있을 것인가?'라는 의문을 제기하면서 경험이 가르쳐 주는 것은 다만 우리가 원인을 지각하지 못한다는 것일 뿐이 라고 한다. 보충해서 말하자면, 경험적인 세계에서는 원인은 반드시 있어야 하지만, 우리가 해당 원인을 밝혀내지 못한다 고 해서 실제로 원인이 없는 것은 아니라는 의미이다. '의무 와 맞는' 행위를 하건 '의무에서'의 행위를 하건, 혹은 도덕 법칙에 대한 존경으로부터 행위 하건 아니면 처벌이 두려워 행위를 하건 간에 그 어떤 경우든 행위의 원인은 결코 경험적 으로 파악될 수 없다. 존재(사실)와 당위(가치)의 차이를 곰곰이 고려해본다면 이러한 칸트의 주장은 설득력이 없는 것은 아 니다. 모든 것을 실증적으로 입증하거나 정당화의 과정을 거 쳐야지만 그 의미나 존재가 분명해지는 것은 아니라는 관점 에서 보면 충분히 이해되고 수용될 수 있는 내용이다. 특히 가치와 관련된 인간의 행위는 더욱 더 그렇다.

가언명령과 달리 도덕성의 명령법인 정언명령은 인간의 어 떤 욕구에도 근거하지 않는다는 점에서 무조건적이며 그 어 떤 우연적인 욕구와도 관련이 전혀 없다는 점에서 절대적이 다. 그렇기 때문에 정언명령은 무조건적이고 객관적일뿐만 아 니라 보편적으로 타당하고 필연적인 법칙이다. 칸트는 정언명 령이 행위의 질료가 아니라 행위의 형식과 관계가 있다고 주 장하기 때문에, 이런 맥락에서 보면 그의 윤리학이 형식윤리 학 또는 형식적이라는 평가를 받는 것은 그리 이상한 일은 아니다. 이와 동시에 정언명령이 행위의 형식과 관련된다는 사실 때문에 그의 윤리학은 형식적이고 무기력하다는 비판을 받기도 한다. 자 그렇다면 우리가 정언명령에 대해 말할 수 있는 것은 무엇인가? 우리가 정언명령에 대해 말할 수 있는 모든 것은 정언명령이 법칙 일반에 대한 일치를 명령하고 있다는 사실이다. 다시 말하면, 정언명령은 우리로 하여금 행위의 의지의 원칙인 준칙들을 보편적 법칙과 일치시킬 것을 명령한다. 따라서 칸트는 인간의 주관적인 행위원리인 준칙을 보편법칙처럼 사용하라는 관점에서 우리는 오로지 우리의 준칙이 보편 법칙이 될 것을 의욕할 수 있는 그러한 방식으로만 행위 해야 한다고 하였다. 어떤 행위가 오로지 의무에서 행해지고, 그럴 경우에만 진정한 도덕적 가치를 지닌다면, 정언명령은 단지 하나만 존재할 수 있다. 우리가 보편화 할 수 있으며 또한 오직 보편화 할 수 있다는 이유만으로, 곧 법칙 자체에 대한 존경으로부터 행위 하게 되는 준칙 혹은 원리에 따라서 행위 해야 한다는 요구가 바로 정언명령이 될 것이다. 칸트는 『도덕형이상학정초』에서 최고의 도덕성의 원리를 확립하고자 했으며, 정언명령을 다섯 가지로 구분하여 언급하고 있다. 물론 그가 정언명령을 다섯 가지의 분류로 구분하였다고 해서, 그 각각의 의미가 서로 다른 것은 아니다.

그 준칙을 통해서 네가 그것을 동시에 보편적인 법칙

으로 삼으려고 할 수 있는 오직 그러한 준칙에 따라서만 행위 하라.

마치 네 행위의 준칙이 네 의지에 의해 보편적인 자연법칙이 되어야 할 것처럼 그렇게 행위 하라.

네 인격 안의 인간성뿐만 아니라 모든 사람의 인격 안의 인간성까지 결코 단지 수단으로만 사용하지 말고, 언제나 [수단과] 동시에 목적으로도 사용하도록 그렇게 행위 하라.

의지가 자기의 준칙에 의해 스스로를 동시에 보편적으로 법칙을 주는 것으로 생각할 수 있도록 행위 하라.

이성적인 존재 각자는, 마치 그 자신이 자기의 준칙에 의해 언제나 목적의 보편적 나라에서 '법칙을 주는' 구성원인 것처럼 행위 해야만 한다.[30]

칸트는 이처럼 정언명령을 다섯 가지의 정식으로 기술하고 있는데, 그가 각각의 정식들에 부여한 명칭을 순서대로 살펴보면, 보편법칙의 정식, 자연법칙의 정식, 목적 자체의 정식,

---

[30] 임마누엘 칸트, 이원봉 옮김, 같은 책, 71, 72, 84, 92, 99쪽

자율의 정식, 목적의 왕국의 정식이다. 칸트는 보편법칙의 정식을 정언명령의 근본으로 여기고 있으며, 이 보편법칙의 정식을 '순수한 실천이성의 근본법칙'이라고 부른다. 그리고 이러한 복수의 정언명령들을 통해 행위자의 준칙이 논리적인 모순 없이 보편적으로 정식화 될 수 있다는 것을 더욱 공고히 하고자 했다. 물론 그의 정언명령은 인간이 처한 특수한 상황에서 어떻게 행위 해야 하는지를 행위자에게 구체적으로 명령하거나 지시하지는 않는다. 하지만 칸트는 『도덕형이상학정초』에서 정언명령이 실제로 실행될 수 있는지와 관련된 몇 가지 예로 자살, 거짓약속, 자기계발, 남을 돕는 것 등을 제시하고 있는데, 이 예들은 오늘날 윤리적 담론의 영역에서 자주 등장할 만큼 비중이 크다. 이제 칸트가 제시하고 있는 네 가지 사례들과 그 사례들에 대한 분석을 차례차례 전개해봄으로써 과연 정언명령이 우리의 경험적 현실세계에서 실행될 수 있는지를 보다 상세히 살펴보자.

첫째, 자살의 예이다. "절망에 빠질 정도로 나쁜 일이 계속되어 삶에 염증을 느끼는 사람일지라도 아직 이성을 잃지 않았다면, 자신의 생명을 끊는 것이 자신의 의무를 거스르는 것이 아닐까 자신에게 물을 것이다. 그래서 그 사람은 자기 행위의 준칙이 분명히 보편적 자연 법칙이 될 수 있는지 검토해본다. 그런데 그의 준칙은 이렇다. 나는 나를 사랑하기 때문에, 더 살 경우에 삶이 안락하기보다는 더욱 나빠질 것 같으면 목숨을 끊으라는 원칙으로 삼는다. 그런데 이 '자기애의 원칙'이 보편적 자연법칙이 될 수 있는지가 문제다. 그러나 이때 사람들은, 감각은 삶을 촉진하도록 밀어주게 되어 있는데, 바로 그 감각 때문에 삶 자체를 파괴하는 것을 법칙으로 하는 자연은 자기 자신에게 모순되며, 자연으로 유지되지 않을 것이고, 따라서 앞의 준칙은 자연적 법칙이 될 수 없고, 그 결과 모든 의무에 대한 최상의 원칙에 위배된다는 것을 알게 된다."[31]

인간이 자기애를 갖고 있다는 것은 새삼스러운 일이 아니다. 그리스의 신화 나르키소스의 이야기에서 알 수 있듯이, 인간은 저마다 정도의 차이는 있으나 자신을 사랑한다. 아마도 자신을 사랑하지 않는 사람은 없을 지도 모른다. 사실 현대인들은 삶이 어지럽고 힘들다고 말하는데, 그 힘든 삶의 원인이 경제적 문제, 사회적 문제, 사적인 문제이거나 간에, 경쟁적인 사회의 분위기 속에서 하루하루를 살아간다는 것이 전쟁처럼 매우 힘겹고 버거운 것만은 사실이다. 그래서 어떤 사람은 치열하게 살기 위해 자기애를 발휘하고, 또 어떤 사람은 치열한 삶으로부터 벗어나기 위해 자기애를 발휘하며 심지어 힘든 자신의 삶을 유지하지 않고 포기하기 위해 자기애를 발휘하기도 한다. 여기서 중요한 문제는 자기애라는 준칙

---

[31] 임마누엘 칸트, 이원봉 역 같은 책 72쪽

이 자연법칙처럼 보편화될 수 있느냐이며, 정언명령에서 집중적으로 주목되어야 하는 것은 어떤 행위의 결과가 아니라 바로 그 행위와 관련된 의지의 형식인 준칙이다. 자기애의 준칙을 보편화하면, 우리는 좋은 시절에는 자신의 삶을 유지하려고 할 것이고 나쁜 시절에는 삶에 대한 끈을 놓아버리려 할 것이다. 따라서 자기애의 준칙은 삶을 살아가게 하기도 하지만 동시에 죽음의 문턱을 넘어서도록 하기 때문에 이 준칙은 자기모순적인 준칙이다. 더불어 자신의 삶이 힘들다고 해서 자신을 죽음으로 내몬다면, 그는 자신의 인격을 단순히 죽을 때까지 고통스럽지 않게 하기 위해 자신을 하나의 수단으로만 이용하는 것이다. 그런데 인간은 결코 사물이 아니므로 단지 수단적 존재로 전락시키거나 이용해서는 안 된다. 오히려 인간은 자신이 무슨 행위를 하든지 간에 자신을 언제나 목적 그 자체, 다시 말해 존엄한 존재로 간주해야 한다. 따라서 우리는 인격체로서의 자신을 불구로 만들거나 상처를 입히고 심지어 죽일 수 없다.

둘째, 거짓약속의 예이다. "또 한 사람은 어려운 처지 때문에 돈을 빌릴 수밖에 없다. 그는 자기가 갚을 수 없으리라는 것을 잘 알고 있지만, 또한 정해진 시간에 갚겠다고 굳게 약속하지 않으면 한 푼도 빌리지 못한다는 것도 안다. 그래서 그는 거짓 약속을 할 마음이 있다. 그렇지만 아직 이렇게 물을 정도의 양심은 있다. 그런 식으로 어려운 처지를 빠져나오는 것은 금지되어 있거나, 의무를 어기는 일이 아닐까? 그럼에도 그렇게 하기로 결심했다고 가정하면, 그의 행위의 준칙은 이렇게 될 것이다. 나는 돈이 궁하다고 여겨지면 돈을 빌릴 것이고, 내가 결코 돈을 갚을 수 없다는 것을 안다고 해도 갚겠다고 약속할 것이다. 이제 이런 '자기애의 원칙', 또는 자기 실리의 원칙이 분명 내 미래의 모든 복지와 일치할 수도 있겠지만, 여기서는 그것이 옳은지 옳지 않은지가 문제다. 그래서 자기애라는 그 부당한 요구를 하나의 보편적인 법칙으로 바꿔 이렇게 묻는다. 만약 나의 준칙이 하나의 보편적인 법칙이 된다면 도대체 어떻게 될 것인가? 이때 나는 그 준칙이 결코 보편적 자연법칙으로 적용될 수도 없고, 자기 자신과 일치할 수도 없으며[준칙으로 성립할 수도 없으며], 오히려 필연적으로 스스로 모순될 수밖에 없음을 곧 알게 된다. 왜냐하면, 모든 사람이 자기가 어려운 처지에 있다고 여겨질 때 지킬 생각도 없으면서 마음 내키는 대로 약속을 할 수 있다는 것이 보편적인 법칙이 된다면 약속이라는 것도, 약속을 통해 이루려했던 목적 자체도 불가능해 질 것이다. 이렇게 되면 누구나 다 자기에게 약속된 것을 믿지 않을 것이고, 오히려 모든 약속의 표현을 헛된 구실이라고 비웃게 될 것이기 때문이다."[32]

---

[32] 임마누엘 칸트, 이원봉 역 같은 책 72-73쪽

거짓 약속의 예에서 우리가 주목해야 하는 준칙은 '나는 돈이 궁해서 다른 사람에게 돈을 빌린다면, 비록 내가 그 돈을 갚을 능력이 전혀 없음을 잘 알고 있다 하더라도, 나는 반드시 돈을 갚겠다는 거짓말을 해서라도 돈을 빌리겠다'이다. 그렇다면 이 준칙이 과연 자연 법칙처럼 보편화 가능한지가 검토되어야 한다. 약속은 인간이 자기 자신에게 하나의 의무를 부과하는 행위이지만, 거짓 약속은 자신에게 그 어떤 의무도 부과하지 않는 행위이다. 이를 보편화 가능한 자연의 법칙으로 검토해보면, 자기 자신에게 의무를 부과하는 행위들 중 그 어떤 것도 자기 자신에게 의무를 부과하는 행위와 결합할 수 없다는 것이 도출된다. 말하자면 상반되는 두 개의 의무를 동시에 자신에게 부과할 수 없다. 따라서 이는 모순된다. 또한 다른 사람에게 거짓 약속을 하려고 마음먹은 사람은 그렇게 하자마자 자기가 다른 한 사람을, 그 사람이 동시에 그 자체로 목적, 즉 인격적 존재라는 것을 무시하고 단순히 수단으로만 사용하려 한다는 것을 알 수 있을 것이다. 왜냐하면 거짓 약속을 해서 내 생각대로 이용하려는 그 사람은, 자기를 대하는 나의 행동 방식에 도저히 동의 할 수 없고, 스스로 그 자신이 거짓 약속이라는 행위의 목적을 지닐 수도 없기 때문이다. 다른 인간의 원칙에 대한 이와 같은 대립은, 다른 사람의 자유와 재산을 침해하는 예를 통해 더욱 분명해진다. 그 이유는 다른 사람의 자유와 재산을 침해할 때, 인간의 권리를 침해하는 사람은 다른 사람의 인격을 단순히 수단으로서만 사용하려고 할 뿐, 이성적인 존재인 그들이 언제나 동시에 목적으로 생각되어야 한다는 것, 즉 자신의 인격과 같은 동일한 인격을 지닌 존재로 간주되어야 한다고 생각하지 않기 때문이다.

셋째, 자기 계발의 예이다. "세 번째 사람은 모든 면에서 쓸모 있는 사람이 될 수 있는 재능을 갖고 있다. 그러나 그는 편안한 환경에 있고, 운 좋게 타고난 자신의 소질을 확장하고 개선하는 데 힘쓰기보다 즐거움을 좇는 것을 더 좋아한다. 그렇지만 그는 이렇게 묻는다. 자신의 타고난 재질을 묵혀두라는 그의 준칙이 오락으로 이끌리는 자신의 성격에는 맞겠지만, 의무라는 것에도 역시 맞겠느냐고. 이때 그는, 비록 인간이 (남태평양에 사는 사람들처럼) 자기의 재능을 녹슬게 하고 게으름, 오락, 자식 생산 등 한마디로 향락에 삶을 소비하는 데 골몰하더라도, 그러한 [타고난 재질을 묵혀두라는] 보편적 법칙을 따르는 자연도 항상 유지될 수 있다는 것을 안다. 그렇지만 이것이 하나의 보편적 자연법칙이 되기를, 또는 그러한 보편적 자연법칙이 타고난 본능을 통해 우리 안에 심어져 있기를 그가 바라는 일은 결코 있을 수 없다. 왜냐하면 그는 이성적인 존재여서 자기가 가진 모든 능력이 펼쳐지기를 바라게 되는데, [그렇게 하면] 무엇을 하려 하든 그 능력이 이용될 수 있기 때문이다."[33]

---

[33] 임마누엘 칸트, 이원봉 역, 같은 책 73-74쪽.

이 예에서 확인 할 수 있는 준칙은 인간이 자신의 능력을 계발하는데 소홀히 하거나 포기하는 것이다. 이는 곧 인간이 자신의 의지를 충분히 고양할 수 있음에도, 자신의 능력을 계발을 의도적으로 단념하고 있음을 뜻한다. 이런 준칙을 행위의 준칙으로 채택한 사람은 자신의 잠재적인 능력과 미래의 삶에 대해 그 어떤 관심도 가지지 않는 사람이다. 그런데 우리는 자신의 삶과 능력에 대해 무관심하며, 심지어 그런 무관심을 극대화하려는 의지를 고양하는 사람을 현실에서는 분명히 찾아볼 수가 없다. 따라서 자기 계발에 대해 소홀한 준칙은 분명히 자기 모순적이다. 그리고 자기 자신에 대해 우연적으로 칭찬하거나 칭찬받을 만한 의무에 관해서도, 행위가 목적 그 자체인 인격 안의 인간성에 대립하지 않는 것만으로는 충분하지 않고, 행위 또한 목적 그 자체인 인간성에 조화되어야 한다. 그런데 인간성 안에는 더욱 완전해져야 할 소질이 있고, 우리 주체는 인간성과 관련된 자연의 목적을 위해 이 소질을 갖고 있다. 다르게 말하면 인간은 완전한 상태로 세상에 태어난 것이 아니라 불완전한 상태로 태어나 보다 완전한 인간이 되고자 하는 과제를 안고 있다. 이런 맥락에서 흔히 TV광고에서 볼 수 있는 유명한 문구인 "불가능한 것은 아무것도 없다" 혹은 "나에게 불가능이란 존재하지 않는다" 등이 인간이 자신의 소질을 계발해야 하는 의무와 관련된다. 그러므로 이런 인간의 소질을 계발하지 않고 그냥 방치하는 것이 목적 그 자체인 인간성을 훼손하지 않고 유지해야 한다는 것과는 양립할 수는 있으나, 인간성이라는 목적을 향상시켜야 한다는 것과는 양립할 수 없다.

넷째, 다른 사람을 돕는 것에 관한 예이다. "네 번째 사람은 일이 잘 풀리고 있으므로 다른 사람이 커다란 어려움과 싸우고 있는 것을 보면서도-그는 분명 이 사람을 도울 수도 있었다-이렇게 생각한다. 나와 무슨 상관이란 말인가? 모든 사람은 하늘이 바라는 만큼, 또는 자기가 해낼 수 있는 만큼만 행운을 얻을 것이며, 나는 그 사람에게서 아무것도 빼앗지 않을 것이고 그 사람을 결코 시샘하지 않을 것이다. 다만 그의 복지를 위해서나 그의 어려운 처지를 돕기 위해 어떤 기여를 하려는 마음이 없을 뿐이다. 그러한 사유 방식이 보편적인 자연 법칙이 된다면 틀림없이 인류는 잘 유지될 수 있을 것이다. 그것도, 누구나 동정심과 호의에 대해 떠들고 그때그때 그것을 실행하려고 노력하면서도 다른 한편으로는 될 수 있는 한 속이고 인간의 권리를 팔거나 침해하는 경우보다 훨씬 잘 유지될 수 있을 것임에 틀림없다. 그러나 비록 보편적인 자연법칙이 그러한 준칙에 따라 잘 유지될 수 있을지라도, 그러한 원칙이 자연 법칙으로서 모든 점에서 적용되어야 한다고 바라는 일은 여전히 불가능하다. 왜냐하면 이런 것을 결심한 의지는 자기 자신과 대립하는데, 다른 사람의 사랑과 동정심을 필요로 하면서도, 자기의 의지에서 생겨난 자연 법칙 때문에 소망하는 모든 희망과 도움 자체를 빼앗기는 경우가 많을 것이기 때문이다."[34]

우리가 이 예에서 발견할 수 있는 준칙은 '나는 어려움이나 곤경에 처해 있는 사람을 보더라도 도움을 주지 않겠다'이다. 그리고 이 준칙으로부터 또 다른 내용이 도출될 수 있는데, 그것은 '나는 다른 사람을 돕는 것을 의욕할 수밖에 없다. 왜냐하면 그렇지 않을 경우 내가 곤경에 빠졌을 때 어느 누구도 나를 돕지 않을 것이기 때문이다'이다. 그런데 자세히 들여다보면 무언가를 발견할 수 있다. 내가 다른 사람을 돕는 것은 언제일지 모를 나의 힘든 상황을 다른 사람의 도움을 받아 벗어나기 위함이라는 사실이다. 이런 목적으로 다른 사람을 돕는 것은 이미 홉스가 주장한 바 있으며, 또한 이런 행위는 진정한 도덕적 가치를 지니지도 못한다. 칸트 식으로 말하면 가언명령에 입각한 행위일 뿐이다. 우리는 곤경에 처한 다른 사람을 보면 도와주지 않고 그냥 지나치는 경우가 많다. 왜냐하면 다른 사람을 돕는 것이 이유 없이 싫기도 하거니와 번거롭고 귀찮은 일이라고 생각할 수 있고, 심지어는 도움을 주는 사람이 그 도움으로 인해 자신이 직간접적으로 피해를 보는 경우도 많다고 생각하기 때문이다. 따라서 우리가 다른 사람을 반드시 돕지 않는 것은 그 행위를 통해 얻을 이익이 거의

---

[34] 임마누엘 칸트, 이원봉 역, 같은 책 74-75쪽.

없을 뿐만 아니라 그 도움으로 인해 괜한 일에 얽매이지 않겠다는 목적에 기인한다. 그러나 그렇다고 해서 우리가 곤경에 처해있는 사람을 보면 도움을 주거나 구해주어야 한다는 생각을 하지 않는 것은 아닐 것이다. 또한 칸트는 이렇게 설명하기도 한다. 다른 사람으로부터 칭찬받을 만한 의무에 관한 것으로, 모든 사람이 가진 본성적 목적이 자기 자신의 행복이다. 그런데 다른 사람의 행복을 위해 무엇을 보태주지는 않더라도 다른 사람의 행복에서 무엇을 일부러 빼앗는 사람이 없다면, 사실 인간성은 유지될 수 있을 것이다. 그렇지만 이것은 각자가 최선을 다해 다른 사람의 목적을 향상시키려고 노력하지 않는다면, 다만 목적 그 자체인 인간성에 소극적으로 일치하는 것일 뿐이지 적극적으로 일치하는 것은 아니다. 왜냐하면 목적 그 자체라는 생각이 나에게 작용한다면, 목적 그 자체인 다른 사람의 목적, 즉 행복이 나의 행복이기도 해야하기 때문이다.

우리가 도덕적으로 행동하기 위해서는 정언명령에 따라 행위 해야 한다고 칸트는 말한다. 그래서 그는 정언명령을 무조건적인 명령으로 설명하면서, 우리로 하여금 '네 의지의 준칙이 보편적 법칙이 되도록 네가 동시에 의욕 할 수 있는 그러한 준칙에 따라 행위 하라'고 한다. 앞서 이야기 했듯이 칸트의 윤리학이 이전의 윤리학과 구분되는 이유는 도덕성 그 자체에 주목했다는 점이다. 인간의 도덕적 행위는 참되거나 진정한 도덕적 가치를 지녀야 한다고 보았고, 그런 도덕적 가치의 토대는 바로 보편적인 도덕성이라고 보았다. 우리가 행위의 주관적 원리인 준칙을 법칙처럼 사용하는 것이 정언명령에 따라 행위 하는 것이며, 그런 행동이 바로 참된 도덕적 가치를 갖는다는 것에는 분명히 동의할 수 있다. 하지만 우리가 칸트의 정언명령에 대해 분명히 이해했다고 해서, 우리가 살아가는 현실세계에서 발생하는 충돌과 갈등의 문제가 모두 해결되는 것은 아니다. 왜냐하면 그의 정언명령은 행위의 구체적 내용에 대해서는 그 어떤 것도 말해주지 않기 때문이다. 하지만 칸트의 윤리학을 포함한 모든 윤리적 이론들은 현실의 인간에게 도덕적으로 살아가기 위한 구체적인 행동을 일일이 다 알려주지 않는다. 그럼에도 칸트의 윤리학이 우리에게 의의를 지니는 이유는 현실에서의 도덕의 상대화와 왜곡을 막고자 하는데 있다. 칸트는 특정한 개인적 차원이나 국가적 차원에서만 인정되고 통용되는 도덕 법칙을 생각한 것이 아니라 모든 인간이 채택하고 그에 따라 행위할 수 있는 도덕 법칙을 생각했다. 그래서 칸트에게 중요한 것이 보편적이고 필연적인 도덕이었으며, 이를 위해 준칙을 법칙처럼 사용해야 했는데, 그것이 바로 정언명령의 핵심내용이었다. 이렇게 볼 때 모든 인간 아니 인류 전체가 채택할 수 있는 도덕 법칙은 보편적이어야 하며, 이런 보편성은 결국 인간의 이성으로부터 산출된다.

7. 인간 존엄의 근거 :
자율과 타율*

우리는 지금까지 칸트 이전의 윤리학은 도덕성의 원천을 행위의 주인공인 인간이 아닌 자연의 법칙 및 행복 또는 신과 같은 외부세계 내지 절대자로부터 찾고, 그것을 받아들여 도덕적으로 행동해야 하는 것임을 확인했다. 이러한 방식으로 행동하는 인간은 어디까지나 상대적 관점에서 도덕적 행위를 한 것이며, 이런 행위는 진정한 도덕적 가치를 지닌 행위가 아니다. 예를 들어 각 집단 내에 작동하는 공동체의 규범이나 질서가 각 집단들마다 다를 수 있는데, 이는 결국 수많은 집단들의 규범 및 질서 가운데 어느 집단의 규범과 질서가 진정한 도덕성의 기준이 될 수 있는가에 대한 문제를 근본적으로

---

* 이 부분은 문성학의 『칸트 윤리학과 형식주의』, 페이튼의 『칸트의 도덕철학』, 코플스톤의 『칸트』, 회페의 『임마누엘 칸트』, 애링턴의 『서양윤리학사』로부터 많은 도움을 받았다.

해소하지 못하고 나아가 보편적 도덕성을 확립하는 것 역시 불가능하다. 칸트가 이전의 윤리학과는 달리 자신의 윤리학에서 도덕성 그 자체에 주목한 것은 바로 이와 같은 이유에서였다. 그래서 칸트는 대상중심이라는 기존의 입장으로부터 벗어나 주체중심이라는 입장에서 자신의 철학을 전개하는데, 이것이 바로 '코페르니쿠스적 전회'이다. 다시 말하면, 칸트 이전에는 우리의 의식이 대상을 향해 나아간다고 생각하였으나 칸트는 정반대로 인식의 대상이 우리의 의식으로 다가온다고 생각하였다. 코페르니쿠스적 전회는 당시에 일종의 혁명과도 같은 것이었는데, 이는 마치 태양이 지구의 주위를 돈다고 보는 입장에서 지구가 태양의 주위를 돈다고 보는 입장을 주장하는 것과 같았다. 더불어서 전근대 시기의 인간은 거대한 자연의 세계와 신의 관점에서 늘 주변부적인 존재에 불과했다면, 근대이후의 인간은 이제 세계에서 중심적인 역할을 하는 존재가 되었다. 그리고 인간이 자신의 이성적 능력을 토대로 인간 인식의 한계와 범위, 그 방법을 제시함으로써 그 이전과는 다른 접근법을 제시하고 있는 것이다.

이런 맥락에서 칸트는 도덕의 원천은 타율이 아닌 자율이어야 하며, 이 자율은 어디까지나 자기입법성에 놓여있다고 본 것이다. 인간이 도덕적으로 행위 할 수 있는 조건은 행위자 스스로가 정한 원칙에 따라 자기 자신을 규정할 수 있는 능력이다. 이런 조건은 도덕적 인격성의 원리라고 하며, 도덕적으로 행위 할 수 있는 조건과 밀접히 관련되어 있다. 그래서 정언명령은 개념일 뿐만 아니라 이성적 존재의 자율적 의지가 따라야만 하는 법칙이다. 왜냐하면 이성의 본성은 자발성이고, 이 자발성으로부터 이성은 자기 입법적인 당위를 인간에게 부과하기 때문이다. 인간의 입법적 능력, 곧 자기입법성이라는 이념은 루소로부터 시작되었으나, 그는 자율성을 어디까지나 주변부적인 개념으로만 언급했을 뿐이다. 이와는 달리 칸트는 자율성 개념을 자신의 철학의 핵심개념 가운데 하나로 보았으며, 이를 토대로 서양윤리학의 역사에서 처음으로 모든 윤리학의 최고의 원리를 확립하였다. 물론 인간이 여타의 동물처럼 자연의 법칙에 지배를 받으며 살아가는 것은 사실이나, 동시에 자연 법칙의 지배로부터 벗어나 자유의 법칙에 따라 살아갈 수 있는 존재이기도 하다. 칸트는 자유를 도덕 법칙의 존재근거로, 도덕 법칙은 자유의 인식근거라고 하였다. 이렇듯 인간을 이해하는 데 있어 그 핵심은 자유의 개념일 수밖에 없으며, 이 자유는 자율과 같은 것을 의미한다. 따라서 근대의 시기를 이해하는 데 있어서 핵심적인 단초는 자유라는 개념이며, 이 자유는 칸트의 철학적 체계에서 매우 중요한 토대를 이루고 있다. 그렇다면 칸트가 자신의 윤리학의 핵심개념인 자율성을 그 이전과는 달리 어떻게 더 주목했는지 보다 상세히 추적해보자.

고대 및 중세 시기의 인간은 거대한 자연이 나타내는 현상들에 대해 대응할 수 있는 역량이 아직은 없다고 생각하는 무기력한 존재들이었다. 그 시기는 아무래도 오늘날과 같은 과학적 지식이 많이 축적되어 있는 것도 이 과학적 지식이 생활 속 깊이 반영된 것도 아니다. 당시의 사람들은, 지금의 관점에서 보면 자연현상에 불과한데도, 하늘에서 천둥과 번개만 쳐도 두려움에 떨어야 했고, 전에 먹어보지 못했거나 한번도 먹어보지 못한 나무의 열매를 따먹으면 배가 아파서 죽는 줄로만 아는 그런 원시적인 존재들에 불과했다. 그래서인지 사람들은 거대한 나무나 바위 앞에 물을 떠놓고 그들이 두려워하는 자연현상으로부터 자신들의 삶의 안전과 희망을 빌어야 하는 상황에 처해 있었다. 이러한 상황은 개인들로 하여금 운명을 믿게 만들었고, 그로인해 자연의 세계에서 전개되는 흐름들인 퓌지스(Physis)가 그들이 의존하며 살아야 할 질서였다. 결국 고대와 중세 시기의 사람들은 자연이나 하늘의 법을 어길 수 없었으며, 나아가 초자연적이든 자연적이든 간에 그 개인이 감당할 수 없는 질서가 있다고 보았을 뿐만 아니라 그 질서를 지키고 따라야 하는 것이 인간의 규범(Nomos)이라고 생각하였다. 이런 의미에서 전통사회가 풍습과 관습을 강조할 수밖에 없는 것은 거대한 자연과의 관계 속에서 형성된 관례들 혹은 관습적 규범들 그 자체가 인간이 살아가야 할 길이라고 보았기 때문이다. 또한 이런 상황속의 개인은 능력이 부족할 뿐만 아니라 나약하였기 때문에 뭉치지 않으면 살아가기가 어렵다고 생각하였으며, 이로 인해 운명공동체가 형성되었다고 볼 수 있다. 게다가 홍수, 가뭄, 눈사태 등과 같은 자연재해로부터 살아나기 위해서는 공동체 속의 개인들은 서로 힘을 합쳐야 했는데, 이를 통해 우리는 당시의 개인들이 자신들의 권리나 자유보다는 함께 하는 시스템을 굉장히 중요시 여겼다는 것을 잘 알 수 있다.

그러나 근대 시기에 와서 고대 및 중세 시기의 전통사회가 유지해왔었던 운명공동체적인 삶의 형태가 점점 와해되고 만다. 왜냐하면 전통적인 관습과 운명을 따르기만 했던 개인이 과학과 기술에 대한 지식이 점점 더 많아졌고, 그로 인해 자연현상에 대해 더 이상 두려움을 갖지 않게 되었기 때문이다. 사실 고대와 중세 시기는 대개 소수의 사람들이 재단하거나 평가하는 삶의 내용과 기준들이 다수의 사람들의 삶을 지배하는 방식으로 유지되었다. 그렇기 때문에 그 당시의 사람들에게는 자신의 삶과 관련된 참된 자리가 더 이상 없었는데도, 정작 당사자들은 그 사실을 몰랐다. 하지만 근대시기에 와서는 사정이 달라진다. 대다수의 사람들은 자신의 삶을 스스로가 지배하고 유지하고자 하였기 때문에, 근대이전의 개인의 삶은 과연 누구를 위한 것이었나 하는 의구심을 근대시기에 와서 외부로 표출하기 시작한다. 이런 의문을 통해 사람들은 고대 및 중세 시기 인간의 삶은 자연의 운명과 신의 섭리나 운명을 읽어내는 자들을 위한 것이었을 뿐 그 외의 대다수 개인들은 마치 노예처럼 자연의 법칙과 신의 섭리에 복종하며 살아왔을 뿐이라는 것을 존재론적인 삶의 관점에서 알게 되었던 것이다. 따라서 당시 소수의 사람들에 의한 삶의 기준과 방식을 받아들이며 살아가야만 했던 개인들의 입장에서 볼 때, 신은 과연 누구를 위한 신인지 혹은 자연은 누구를 위한 자연인가라는 물음들을 가질 수밖에 없었다. 이런 과정을 거치면서 근대 이후 인간은 더 이상 과거의 자연 법칙이나 신의 섭리에만 의존하는 방식으로 삶을 살아가지 않게 되었고, 이로 인해 철학에서 흔히 말하는 퓌지스와 노모스, 즉 존재(Sein)와 당위(Sollen)는 분리 되었다.

근대 시기의 인간은 그 이전 시기처럼 노모스, 곧 규범을 자연으로부터 도출하는 것이 아니라 자유로운 삶의 주인공으로서 자신들의 약속체계로 전환시킨 후 그 약속체계로부터 규범을 도출한다. 다시 말해서 근대 이후의 인간은 계약이라는 틀 속에서 규범을 마련하고자 하였고, 이런 규범은 각자의 삶과 관련하여 이익과 손해의 관점에 따르는 약속체계로부터 기인하였다. 그렇기 때문에 인간은 다른 사람과의 관계를 계약을 통해 설정 및 유지하였으며, 그 계약을 통해서 우리가 준수해야 하는 도덕적 규범이나 법을 만든 것이다. 이러한 계약적 토대 위에서 비로소 법이 인간을 통해 만들어지는 '실정법'시대가 도래하였던 것이다. 그런데 근대 시기의 인간은 고대 및 중세 시기의 인간들과는 달리 자신의 권리와 재산 그리고 자유를 무엇보다 중요시하는 존재들이다. 인간이라면 누구나 자신의 이익과 손해에 따라 다른 인간과 관계를 맺으려고 하기 때문에, 어떤 관계가 자신에게 이익이 된다면 모를까 손해가 된다면 그 인간은 다른 인간과 계약을 맺지 않는다. 따라서 이와 같은 근대 시기의 인간관은 근대 이전처럼 전통으로부터 전승된 규범적 속성이 들어설 여지도 없고, 결국 다른 인간과 철저히 형식적이고 계산적인 관계를 형성하는 결과를 낳았다.

존재와 당위가 동열에 있었던 시기든 아니면 이 양자가 분리된 시기든 간에, 인간이 살아가면서 맺은 관계는 엄밀히 말하자면 칸트가 진정 찾고자 했던 관계가 아니었다. 어딘가 부족한 면이 있는 그런 관계맺음의 연속일 뿐이다. 좀 더 세부적으로 들여다보도록 하자. 근대이전 시기의 인간은 자신이 맺으며 살아가야 할 관계의 기준이 어디까지나 외부에 있었던 탓에, 관계의 주체인 인간 자신은 늘 최우선적인 고려대상이 아니었다. 다시 말하면 인간에게는 자연적 질서나 신의 섭리에 따라 관계를 맺는 것이 일차적인 것이었을 뿐 정작 그 관계를 맺는 자신은 부차적이었다. 반면에 근대 시기의 인간은 관계의 기준이 외부가 아닌 자신 내부에서 마련되기는 했으나 그 관계의 목적이 대부분 자신의 이익과 결부되는 방식으로만 전개되었다. 그러다보니 근대 이전과는 달리 근대 시기의 인간은 이익과 손해의 관점에서 자신이 최우선적인 고려대상이었고, 이런 고려에 따라 다른 인간과 관계를 맺는 것이 그 다음 순서였다. 즉 근대 시기의 인간에게는 자기 자신이 일차적이고 관계는 부차적인 의미를 가졌다. 근대 이전 시기이든 아니든 칸트가 보기에 인간이 맺는 관계는 진정한 관계가 아니었기에 고민에 빠진다. 왜냐하면 전통을 강조하는 고대 및 중세 시기는 관계를 너무 절대시하므로 인간이 설 자리가 없고, 근대의 시기는 근대 이전의 절대적 관계를 분리시키기는 하였지만, 인간은 오히려 자신들이 이익과 손해에 따라 만든 계약적 관계를 벗어나지 못하는 상황에 놓여버렸기 때문이다. 계약적 관계 속에서 인간은 그 계약으로 인한 이익 여부를 따져보아야 하므로 계약의 주체들은 서로가 서로를 수단적으로 대할 가능성이 높다. 그러므로 근대 시기 이전의 인간이 이미 마련된 외적 기준에 따라 관계를 맺어야 하는 예속적 존재였다면, 근대 시기의 인간은 자유롭게 관계를 맺을 수는 있으나 오히려 그 관계 속에 자신을 도구화시켜 버리고 말았다. 즉 형이상적이고 종교적인 세계관이 지배하는 사회에서는 인간이 관계의 노예로 전락했다면, 근대의 계약적 사회에서는 인간이 관계의 수단과 도구로 전락했다.

이상의 과정에서 칸트는, 근대 이전 시기이든 근대 시기이든, 인간이 맺는 모든 관계 속에는 진정한 자율성이 없다고 생각했다. 특히 그는 근대의 계약적 사회 속에서 어떤 인간이 행위 할 때, 그는 자신의 이익을 위해 계산적 목표를 가지고 다른 사람과 관계를 맺었기 때문에, 이미 그 행위자는 자신의 이익만을 위한 관계의 노예로 전락되었다고 본다. 이 경우 인간이 진정으로 자율적이기 위해서는 행위의 당사자인 자신이 맺는 행위가 선하고 옳기 때문에 다른 사람과 관계를 맺어야 한다. 그러나 안타깝게도 근대 시기에 이르기까지 칸트는 그것이 옳기 때문에 관계를 맺어야 한다는 진정한 자율적인 자유는 아직 그 모습을 드러내지 않았다고 생각했다. 마치 자신 이전까지의 윤리학의 관점에서 행하는 행위가 진정한 도덕적 가치를 가지지 못하는 것처럼 현재까지 인간이 맺는 관계 역시 진정한 자율적 관계를 맺는 것도 그래서 진정한 가치도 갖는 것도 아니라고 보았다. 고대 및 중세의 인간은 이상적 행복을 추구했고, 근대의 인간은 현실적 행복을 추구한다. 인간이 자신의 행복을 추구하는 것은 자연스러운 것이기는 하지만, 인간이 오로지 행복만을 바라고 살아간다면, 행복을 위한 인간의 삶의 내용들은 어디까지나 계획된 방식으로 전개될 뿐이다. 이런 삶의 내용들 속에는 인간의 진정한 자유가 들어설 여지도 그래서 참된 삶의 의미도 내재될 수 없다. 왜냐하면 이와 같은 인간의 삶에는 진정한 자유가 없기 때문이다. 이런 상황을 극복하기 위한 일종의 노력이 칸트에 의해 나타나는데, 그것이 바로 그의 '자율성'이라는 개념이다.

앞서도 지적했듯이, 칸트 철학에서 자율성(Autonomie) 개념은 그의 철학의 근간을 이루는 핵심개념인데, 그 이유는 인간이 규범과 법칙에 따라 행위 함에 있어서 요구되는 최종적인 근거이기 때문이다. 특히 칸트는 자신의 윤리학을 두 가지 관점에서 접근하고 있는데, 하나는 개념과 모든 도덕적인 행위의 최고의 기준을 찾는 것이고, 다른 하나는 그 개념과 기준에 따라 행위 하는데 필요한 조건을 탐구하는 것이다. 그의 자율성 개념은 타율성(Heteronomie)과의 비교를 통해 접근해보면 더욱 그 중요성을 잘 파악할 수가 있다. 좀 더 일반적으로 접근해보도록 하자. 관계적 존재인 인간이 사회활동을 하다보면 본의 아니게 법적 혹은 도덕적 문제에 휘말리게 되는 경우가 종종 있다. 특히 회사에서 업무를 보다보면 업무 담당자의 의지보다는 그의 상사 혹은 그 윗선의 지시에 의해 일을 해야 하는 경우가 많은데, 그럴 경우 일의 과정과 목적이 법과 도덕의 테두리를 벗어나는 경우가 흔히 발생한다. 그런데 문제는 업무과정에서 법적 또는 도덕적 문제가 발생할 경우에, 누가 책임 질것인가가 바로 중요한 사항이다. 이와 관련하여 "내가 원해서 그런 것도 아니고 나 역시 피해자야. 직장 상사가 시키는 대로 일처리를 해야 하는 나로서는 어쩔 도리가 없잖아"라고 말하는 경우를 들 수 있다. 이 말의 의미는 과연 무엇일까? 보다 상세하게 묻는다면, 우리가 어떤 일에 대한 책임을 물을 때, 가장 어려운 점은 책임을 누구에게 어디까지 물어야 하는가이다. 사실 칸트는 타율적 의지가 아니라 자율적 의지로부터 입법된 원리에 따라 행위 한 사람만이 엄밀한

의미에서 도덕적 책임이 있다고 보았다. 바로 이러한 입장 때문에 흔히 그의 윤리학을 책임의 윤리학이라고 명명하기도 한다.

우리는 타율성의 개념적 의미를 외부의 사건이나 다른 사람으로 인해 어떤 행위를 하거나 일을 진행시켰을 때에만 해당되는 것으로 이해해서는 안 된다. 왜냐하면 외부의 사건이나 다른 사람들 때문이 아닌 행위자 자신의 욕구나 경향성으로 인하여 행위 한 경우에도 우리는 타율적으로 행위 한 것이기 때문이다. 예를 들어 유한한 이성적 존재인 인간은 필연적으로 행복을 추구한다. 더욱이 무언가 부족하거나 결핍되어 있다고 느끼는 인간은 자신에게 부족한 것들을 채우기 위해 끊임없이 나아갈 것이며, 이런 삶의 전개의 토대는 자기이익, 즉 자기애와 자기행복이다. 칸트는 아리스토텔레스가 행복을 주관적인 만족의 수준에서 이해하지 않고, 인간에게 궁극적이고 최고의 목적으로 간주하고 있다고 지적한다. 그래서 아리스토텔레스의 윤리학은 진정한 도덕적 가치를 갖지 못하며, 행복은 도덕성의 진정한 토대가 될 수도 없다. 또한 다른 사람을 돕는 행위는 그 행위 자체가 인간으로서 당연히 해야만 하는 것, 즉 선한 의지에 따라 행위 해야 하는 의무이기 때문에 돕는 것은 참된 도덕적 가치를 갖는다. 반면에 다른 사람을 돕는 행위가 무척이나 즐겁고, 또 다시 그 즐거움을 느끼기 위한 목적으로 다른 사람을 돕는 것은 진정한 의미의 도덕적 행위라고 볼 수 없다. 진정한 도덕적 가치를 갖는 행위는 무언가를 바라지 않고 또 그 무엇에 의해서가 아닌 그 자체로 가치가 있기 때문에 하는 행위이다. 이러한 행위가 가능하도록 행위자의 도덕적 의지를 규정하는 근거는 오로지 준칙의 입법적 형식에 있다. 인간은 자연법칙과 자유의 법칙 모두에 종속된다. 특히 인간의 도덕성에 대한 관심이 행위를 통해 드러나는 것은 자연의 법칙이 아니라 자유의 법칙에 의해서이다. 그래서 칸트는 인간 인식의 한계와 범위를 규정한『순수이성비판』에서 모든 인과성으로부터의 독립성을 선험적 자유라고 규정하는데, 선험적 자유의 개념은 자기규정성으로부터 도출되었다. 그는『실천이성비판』에서 다음과 같이 밝히고 있다.

법칙의 단순한 형식은 오로지 이성에 의해서만 표상될 수 있고, 그러니까 감관의 대상이 아니며, 따라서 또한 현상들에 속하는 것이 아니므로, 의지의 규정 근거로서 법칙의 단순한 형식이라는 표상은 자연에서 인과 법칙에 따르는 사건들의 모든 규정 근거들과는 구별된다. 왜냐하면 이 사건들에서는 규정하는 근거들 자신이 현상들일 수밖에 없기 때문이다. 그러나 또한 오직 저 보편적인 입

법적 형식 이외에는 이 사건들에 대한 어떠한 규정 근거
도 법칙으로 쓰일 수 없다면, 그러한 의지는 현상들의 자
연법칙, 곧 현상들 상호간의 인과 법칙과는 전적으로 독
립적인 것으로 생각되어야 한다. 그러한 독립성은 그러나
가장 엄밀한 의미에서의 자유, 즉 선험적 의미에서의 자
유이다. 그러므로 준칙의 단순한 입법의 형식이 법칙 자
체로 사용될 수 있는 의지는 자유의지이다.[35]

이성은 스스로 법칙을 부여하고, 입법자로서의 이성적 존
재에게 명령하는 도덕의 규칙들을 만든다. 의지의 자율은 자
신이 반드시 지켜야할 법칙을 스스로 만드는 것을 의미한다.
예를 들어 한 고등학생이 자신의 친구들과 진심으로 친하게
지내야겠다고 마음먹은 후 스스로에게 부여한 명령에 복종하
기로 결심했다고 하자. 고등학생의 이러한 다짐과 그 다짐에
복종하려는 삶의 태도는 인과법칙이 적용되는 현상적 세계로
부터 기인할 수 없다. 고등학생이 스스로 정한 법칙에 복종하
고자 하는 행위는 자율적 행위, 곧 자유의 행위이다. 또한 개
를 예로 들어보자. 러시아의 유명한 심리학자 파플로프(Ivan
Pavlov)가 조건반사에 관한 개의 실험에서 보여주었듯이, 개는
본능과 충동에만 얽매여있는 동물로서, 자극을 주면 반응을
한다. 다시 말하면 배가 고프다는 자극을 느끼면, 개는 먹이

---

[35] 임마누엘 칸트, 백종현 옮김 같은 책 82쪽

를 달라고 짖거나 침을 흘린다. 이런 개의 반응은 본능적 존재로서 당연한 내용이다. 인간 역시 배가 고프면 밥을 먹어야 하는 본능적 존재임은 분명하다. 하지만 인간은 자유로우면서 동시에 자신의 의지를 스스로 제어할 수 있다. 따라서 인간은 배가 고프다고 해서 개처럼 침을 흘리며 먹이를 갈구하지 않고, 자신의 이성에 의해 배고픔이라는 욕구를 참을 수 있다. 이런 인간의 특징을 의지의 자율로 표현할 수 있다. 물론 인간이 음식에 대한 자신의 욕구를 넘어 밥을 먹지 않는 것은 여러 가지 이유가 있을 수 있는데, 배가 고프지 않다거나 다이어트가 바로 그것이다. 보다 상세히 들여다보면, 인간은, 개가 본능적으로 음식을 먹듯이, 본능의 차원에서만 음식을 섭취하는 것은 아니다. 음식을 먹는 것이 자연적 욕구임에는 분명하나, 그 욕구를 채워야 할지 말아야 할지는 인간 스스로가 판단하고 결정할 수 있다. 이 판단의 과정에 의지의 자유와 사유능력이 개입되는 것이다. 인간의 이러한 특징은 그 유명한 파블로프의 개의 예를 떠올려보면 보다 더 분명해질 것이다.

우리가 도덕적으로 행위 할 수 있는 것은 자신의 의지를 스스로 규정할 수 있기 때문에 가능하다. 칸트는 인간의 행위의 도덕적 가치는 행위의 결과에 있지 않고 행위의 동기에 있다고 했다. 그래서 그는 선한 의지가 제한 없이 선하고, 이는 곧 의무의 개념으로 이어진다고 보았다. 더욱이 선한 의지의 선함은 인간의 의지가 작동하는 과정에서 선하다는 평가를 받는다. 그렇기 때문에 아름다운 몸을 만들기 위해 식이요법을 하였고, 그 결과로 나의 몸이 어떻게 변했는지를 확인하는 것은 중요하지 않다. 중요한 것은 아름다운 몸을 만들려는 인간의 의지이듯이, 행위의 도덕적 가치는 행위의 결과에 있지 않고 행위의 동기, 즉 그 행위를 하려는 도덕적 의지에 놓여 있다. 그런데 인간의 의지, 특히 도덕적 의지는 질료와 형식으로 이루어져 있다. 우리가 실현하기를 욕구하는 대상을 의지의 규정근거로 전제하는 모든 실천적 원리들은 모두 경험적인 것이기 때문에, 어떠한 실천법칙도 제공할 수 없다. 내가 욕구하는 대상을 의지의 규정근거로 삼는 실천원리는 준칙일 수는 있지만 보편성과 타당성을 지닌 법칙일 수는 없다. 만약 이성적 존재인 인간이 자신의 준칙들을 실천적인 보편적 법칙들로 간주해야 한다면, 인간은 준칙을 질료가 아닌 한낱 형식적인 면에서 의지의 규정근거를 가지는 원리들로 생각할 수 있다.

실천 원리의 질료는 의지의 대상이다. 이 대상은 의지의 규정근거이거나 아니거나다. 만약 그것이 의지의 규정근거라면, 의지의 규칙은 경험적 조건에(곧, 규정하는 표상의 쾌 또는 불쾌의 감정에 대한 관계에) 종속할 터이고, 따라서 아무런 실천 법칙도 아닐 것이다. 그런데 우리가 법칙에서 모든 질료를, 다시 말해 의지의 (규정근거로서) 모든 대상을 떼어내고 나면, 보편적 법칙 수립의 단순한 형식 외에 법칙에 남는 것은 아무것도 없다. 그러므로 이성적 존재자는 그의 주관적 - 실천적 원리들, 다시 말해 준칙들을 동시에 보편적인 법칙들로 전혀 생각할 수 없거나, 그렇지 않으면 그에 따라 저 준칙들이 보편적 법칙 수립에 적합하게 되는 그 단순한 형식이 준칙들을 그것만으로 실천법칙으로 만든다고 받아들이지 않을 수 없다.[36]

칸트는 행위의 규정근거로서 의지의 형식과 관련하여 위탁품의 예를 든다. 위탁증서, 위탁자의 죽음, 내 재산의 증식 등 모든 사건은 경험적 사건들일 뿐이며, 칸트는 이를 현상이라고 본다. 재산을 늘리는 행위 혹은 재산을 늘리고자 하는 욕심과 같은 것들은 하나의 현상이며, 더욱이 이런 현상들은 인간의 본성적 감각을 통해 알 수 있다. 그러나 의지의 질료가 아니라 의지의 형식을 되돌아보는 것은 이성의 활동이다. 그무엇이 되었든 수단과 방법을 가리지 않고 나의 재산을 늘리겠다는 준칙은 결코 보편 법칙의 자격을 가질 수 없다. 따라서 보편 법칙의 자격유무를 판단하는 것은 이성의 활동에 의해 가능하며, 이 이성의 활동은 감각적인 것도 나아가 하나의 현상도 아니다. 이성적 존재인 인간은 입법적 형식을 만들 수 있으므로 도덕성의 원천은 바로 자유이다. 그런데 칸트에 있어서 자유는 두 가지 의미로 이해되는데, 하나는 소극적 자유

---

[36] 임마누엘 칸트, 백종현 옮김, 같은 책 78쪽.

이고 다른 하나는 적극적 자유이다. 모든 도덕성의 원리는 의지의 자율이라는 자기 입법성에 있다. 그래서 칸트는 자율을 소극적으로는 질료적인 규정근거들로부터의 독립성이고, 적극적으로는 자기규정 혹은 자기입법이라고 한다. 그러므로 내가 남을 돕겠다는 나 자신의 행위를 스스로 규정하는 경우에 나는 자율적으로 행동하였다고 말할 수 있다. 자율은 자기입법 혹은 자기규정을 의미하지만, 타율은 나의 행위가 나 자신이 아닌 다른 사람 혹은 내가 스스로 세운 법칙이 아닌 다른 법칙에 의해 규정되는 것을 의미한다.

만약 의지가 자기의 준칙이 자기 자신의 보편적인 법칙을 주는 일에 맞지 않고 다른 곳에서 법칙을 구한다면, 따라서 의지 자신을 넘어 의지의 객체들 가운데 어떤 하나가 가진 성질에서 법칙을 구한다면, 언제나 타율성이 생겨난다. 이 경우 의지가 자기 자신에게 법칙을 주는 것이 아니라, 그 객체가 의지와 맺어져 의지에게 법칙을 주는 것이다. 의지의 객체가 의지에게 법칙을 주는 관계에서는 그것이 경향성에 기인하든 이성에 대한 표상에 기인하든 상관없이 다만 가언적 명령법만이 가능할 것이다.[37]
의지의 자율은 모든 도덕 법칙들과 그에 따르는 의무들의 유일한 원리이다. 이에 반해 자의의 모든 타율은 전

---

[37] 임마누엘 칸트, 이원봉 옮김 같은 책 103쪽

혀 책임을 정초하지 못할 뿐만 아니라, 오히려 책임 및 의지의 도덕성의 원리에 맞서있다. 곧, 법칙의 일체의 질료(곧, 욕구된 객관들)로부터의 독립성과 동시에 준칙이 그에 부합해야 하는 순전히 보편적인 법칙 수립적 형식에 의한 자의의 규정에 도덕성의 유일한 원리가 성립한다. 그러나 저 독립성은 소극적 의미에서 자유이고, 이 순수한 그 자체로서 실천적인 이성 자신의 법칙 수립은 적극적인 의미에서 자유이다. 그러므로 도덕 법칙은 다름 아니라 순수 실천이성의, 다시 말해 자유의 자율을 표현한다. 그리고 이 자유는 그 자체가, 그 아래에서만 준칙들이 최상의 실천법칙에 부합할 수 있는, 모든 준칙들의 형식적 조건이다. 그렇기에, 법칙과 결합되면서, 욕구의 바로 그 객관일 수도 있는, 의욕의 질료가 실천법칙의 가능성의 조건으로서의 실천 법칙 안에 끼어든다면, 이로부터 자의의 타율, 곧 어떤 충동이나 경향성에 따르는, 자연법칙에 대한 종속성이 나타난다. 그러면 의지는 스스로 법칙을 주지 못하고, 단지 정념적인 법칙들을 합리적[이해 타산적]으로 준수하기 위한 훈계를 줄 뿐이다.[38]

소극적 자유는 질료적 의지규정에 대한 거부이지만, 적극적 자유는 일종의 가능성을 의미한다. 예를 들어 "나는 나의 행복을 위해 다른 사람에게 피해를 주지 않겠다"라고 할 때

---

[38] 임마누엘 칸트, 백종현 옮김, 같은 책 92–93쪽

'아니오'라고 말할 수 있는 것은, 소극적 자유의 관점에서, 단지 내가 자유롭다는 사실 때문이다. 이와는 달리 인간이 이성의 능력으로부터 어떤 형식적 법칙을 만들 수 있는 가능성, 우리 자신이 그것에 복종할 수 있는 형식적인 법칙을 만들 가능성, 바로 이것이 적극적인 자유이다. 우리는 자유로운 존재이기 때문에, 정언명령의 도움을 받아 형식적 법칙을 만들 수 있다. 이 형식적인 법칙을 기준으로 우리는 쾌락 및 욕구를 증진하고자 하는 우리의 준칙을 평가할 수 있다. 이런 맥락에서 실천이성이 자신에게 부여하는 법칙은 자유를 제한하는 것이기 보다는 오히려 인간의 자유의 본질과 그 자유의 가능성을 훨씬 더 잘 실현하기 위한 것이다. 그런데 인간이 본성적 존재로서 경향성과 욕구를 자신으로부터 제거할 수 없지만, 인간이 자신의 삶을 영위하는 데 있어서 경향성이나 욕구는 그 자체로 나쁜 것이 아니다. 왜냐하면 경향성과 욕구는 도덕적으로 문제시될 경우에만 나쁜 평가나 부정적인 평가를 받기 때문이다. 따라서 우리는 경향성과 욕구를 무조건 나쁜 것으로 간주해서는 안 된다. 경우에 따라서는 경향성과 욕구가 자연적 존재로서 인간이 살아가는 데 상당히 중요한 요소이기도 하다.

인간은 분명히 이성적 존재이다. 그러나 인간이 이성적 존재라고 해서 달리 말해 이성적 능력에 따라 도덕적으로 살아가고자 하는 존재라고 해서, 실천이성이 명령하는 도덕 법칙에 따라 반드시 행위 하는 것은 아니다. 왜냐하면 인간은 자연적이고 이성적인 존재이기 때문이다. 우리는 어려서부터 수많은 교육을 받아왔고, 그 교육적 내용에는 도덕에 관한 것도 있다. 하지만, 우리가 도덕교육을 받았다고 해서, 현재의 우리의 삶을 항상 도덕적으로 전개하지는 못한다. 그 이유는 우리가 이성의 명령대로만 살아가는 것이 어렵고, 늘 본성적인 경향성 및 욕구와 대결을 펼치며 살아가야 하는 데 있다. 그래서 자율의 개념은 인간이 단지 본능적이고 사회적 존재일 뿐이라는 것을 알려주는 것이 아니라 그 이상의 존재라는 의미를 인간에게 부여하는 핵심적인 요소이다. 또한 자율은 현실적이고 경험적인 세계에서 살아가는 인간의 모습을 넘어 보다 순수하고 도덕적인 존재로서의 자신의 모습을 발견하게 하는 역할을 한다. 칸트는 인간이 자신의 도덕적 소질을 외면한 채 경향성과 욕구, 느낌이나 감정에 따라서 삶을 살아가는 것에 대해 분명한 입장을 취하고 있다. 우리가 의무를 이행한다고 하더라도, 그 의무를 이행하는 동기가 이성이 아니고 경향성이라면, 우리의 행위는 진정한 도덕적 가치를 갖지 못한다. 칸트는 인간이 감정이 있을 뿐만 아니라 욕구의 명령으로부터 결코 자유롭지 못하다는 것을 전적으로 부정하지 않는다. 그러나 그는 인간의 진정한 삶, 도덕적으로 가치 있는 삶을 위해 요구되는 참된 자아는 자율로서의 자유를 지닌 이성적 자아 내지 도덕적 자아라고 본다. 물론 당시에 칸트가 뉴턴의 역학과 같은 과학적 지식 및 세계관에 많은 동의를 보낸 것은 사실이다. 하지만 과학적 세계에는 어디까지나 인과성과 같은 결정론적 요소가 작동하는 곳이다. 이런 요소가 사실의 세계를 넘어 인간의 도덕적 활동의 무대인 가치의 세계에도 작동된다면 진정한 도덕적 가치를 내포한 인간의 훌륭한 삶은 기대하기 어렵다. 더욱이 우리가 보편법칙에 따라 서로가 서로를 목적으로 대우하고 또 자율적으로 행위 하려면 무엇보다 인과의 법칙을 벗어난 새로운 법칙이 요구될 수밖에 없는데, 그것이 바로 자유이다. 그렇기 때문에 칸트가 자율을 강조하는 것은, 자연적이고 본능적인 존재임에도 불구하고, 이성적인 존재이자 도덕적 존재인 인간의 자유를 더욱더 강하게 주장하기 위해서이다. 우리가 아무리 도덕적 자유를 지니고 있는 이성적 존재라 하더라도, 그 도덕적 자유를 현실세계에서 예외 없이 완전하게 구체화할 수 없다. 안타깝지만 이것이 유한한 이성적 존재인 인간이 처해 있는 현실적 삶의 조건이다. 이런 삶의 조건으로부터, 우리는 일상에서 진정한 자유인의 모습을 잃어버릴 가능성을 늘 피부로 느끼며 살아간다. 인간의 삶에 대한 능동적이고 적극적인 태도는 절대로 기계적이고 인과적인 법칙으로부터 나올 수 없으며, 자유의 법칙으로부터 나온다. 그러므로 칸트의 의지의 자율은 그의 윤리학에서 아니 더 나아가 그의 철학 전 체계에서 가장 독특한 산물임이 분명하다.

8. 비판과 오해 :
칸트 윤리학은 과연 현실에서 무용한가?*

일반적으로 자식에 대한 부모의 사랑은 말로 다 표현하지 못할 만큼 깊고도 넓다. 자식에 대한 부모의 깊고 넓은 사랑을 굳이 언급하지 않더라도, 부모들이 자식들에 대해 자주 하는 표현 가운데 대표적인 몇 가지들이 있다. 예를 들면 "우리 딸은 늘 자기보다 남을 먼저 생각해요", "우리 아들은 심성이 원래 착해요", "우리 자식은 법 없이도 살 사람이에요", "다른 사람은 몰라도 우리 자식은 절대 잘못된 행동을 할 사람이 아니에요" 등이 바로 그것이다. 이외에도 여러 표현들이 있을 수 있지만, 유독 눈에 띄는 표현이 있는데, 그것은 바로 "우리 아들은 심성이 원래 착해요"이다. 과연 이 말이 의미하는 바

---

* 이 부분은 애링턴의 『서양윤리학사』, 페이튼의 『칸트의 도덕철학』, 그레고어의 『자유의 법칙』, 회페의 『임마누엘 칸트』로부터 많은 도움을 받았다.

는 무엇일까? 상식적으로 접근해 볼 때, 심성 또는 마음이 착한 사람이라면 결코 나쁘거나 악한 행동을 해서는 안 된다. 더욱이 우리는 어려서부터 교육을 받아왔고, 그 교육적 내용에는 이론교육뿐만 아니라 도덕교육 역시 포함되어 있다. 인간이 배운 대로만 살아가는 수동적이고 기계적인 존재라면 모르겠지만 인간은 배운 대로만 살아가는 그런 존재가 아니다. 그렇기 때문에 인간의 심성이 착하다고 해서 반드시 선한 행동만 하는 것은 아니며 선한 방식과 반대되는 악한 행동을 얼마든지 할 수 있다. 그래서 칸트는 인간은 자신 안에 선한 본성과 악한 본성이 모두 있고, 본성상 악한 방식으로 행동한다고 지적한다.

우리가 흔히 알고 있는 성선설 내지 성악설은 인간의 본성이 선과 악 중 어느 한쪽에 해당한다고 보는 입장이다. 그런데 인간은 자신의 삶의 과정에서 수많은 갈등과 대립을 겪으며 살아간다. 인간의 대립과 갈등은 과연 어떤 종류의 것들인가? 우리가 살아가는 것은 각자의 행복을 위해서임은 분명한 사실이나, 그 행복을 방해하거나 심지어 나를 불행하게 만드는 사람이 있다면, 우리는 그러한 사람과 본성적으로 불협화음 속에서 지낼 수밖에 없다. 여기서 중요한 것은 인간은 이성적인 존재이기도 하지만 감성적인 존재라는 점인데, 감정을 지닌 존재로서 인간은 어떤 일과의 관계가 충분히 합리적이고 비교적 객관적이라 하더라도, 그 일이 자신과 맞지 않을 수도 있고 심지어 그 일을 하는 것 자체가 싫을 수도 있다. 그런데 이런 사람은 다른 사람과 공동의 목표를 가지고 함께 일을 해나갈 수 없다. 이와 마찬가지로 내가 다른 사람을 돕거나 선한 행동을 해야겠다는 마음가짐 혹은 생각이 언제나 행동을 통해 실천되지는 않는다. 이 말은 이성적 존재인 인간이 선한 행동을 해야겠다고 생각은 했으나 그 생각을 행동으로 실천하지 않을 수도 있다는 의미이다. 그러나 칸트는 인간으로 하여금 언제나 선한 의지를 가지고 의무를 이행해야 한다고 말한다. 다시 말해 그는 정언명령에 따라 행위 하는 것이 진정한 도덕적 가치를 지닌다고 보았으며, 보다 상세하게 '그 준칙을 통해서 네가 그것을 동시에 보편적인 법칙으로 삼으려고 할 수 있는 오직 그러한 준칙에 따라서만 행위 하라'고 주장한다.

칸트의 이런 주장에 반대를 한다거나 이의를 제기하는 것은 어쩌면 어리석은 일일지도 모른다. 최소한 그가 자신의 도덕철학에서 전개하고 있는 삶의 도덕적 태도를 머리로 이해한다면 대부분 비슷한 반응을 보일 것이다. 그런데 이론과 실천의 문제가 늘 필연적으로 관계되는 것이 아니듯이, 그의 입장이 아무리 도덕적 가치를 지닌다고 해도 그것이 현실에서 반드시 실현된다고 볼 수 없다. 그런데 우리가, 칸트의 주장처럼, 정언명령에 따라 도덕적으로 살아야 하지만 생각대로 되지 않는다면 어쩔 수 없지 않는가? 물론 이런 입장에 동의

한다. 특히 인간의 본성은 이성적이기만 한 것이 아니라 감성적이기도 하기 때문에, 인간은 항상 도덕적인 행동의 결과를 산출하면서 살아가기가 어렵다. 더욱이 인간의 감성적인 면모, 소위 비도덕적인 행위의 동기인 경향성이나 욕구로부터 나온 행위 속에는 진정한 도덕적 가치가 포함되지 않는다. 칸트의 윤리학은 현실에서의 경험적 삶의 내용을 거부하고 순수함만을 강조하면서 보편적이고 진정한 도덕성의 기초를 확립하고자 했기에, 그의 윤리적 입장이 현실에 충분히 적용되거나 반영되는 것이 어렵기도 하고 또 반영된다 하더라도 여전히 오해의 여지는 남는다. 그래서 칸트의 윤리학에 대해 비판적인 사람들은 대부분 그의 윤리학이 설득력이 없다고 지적한다.

우선, 동시대의 사람들은 칸트의 윤리학이 내용과 소재가 부족할 뿐만 아니라 인간 행위의 모든 대상들에 대해서 무지하고, 이성의 실천법칙만을 오로지 그 이성 자신의 본질을 드러내는 형식으로부터 취하여 단지 '진리를 말하고 진리에 따라서 행위 하라'는 다분히 형식적이고 공허한 의무만을 제시한다고 말한다. 다시 말하면 그는, 우리가 도덕적으로 행위하기 위해서, 어떤 특정한 원리의 내용에 초점을 맞출 수는 없고 어디까지나 우리에게 명령으로 다가오는 그 원리의 형식적 특성인 보편성과 합법성에 따라 행위 해야 한다고 주장할 뿐이다. 이런 칸트의 주장으로부터 우리는 구체적으로 어떻게 행동해야 하는가? 행위자는 자신의 행위의 준칙이 보편 법칙으로 삼을 수 있는 그런 준칙에 따라 행위 해야 한다는 정언명령의 요구로부터 어떤 구체적인 행위를 이끌어낼 수 없다. 그래서 그의 윤리학은 형식적이고 공허하다는 비판으로부터 자유로울 수가 없는 것이다. 하지만 칸트가 주목하고 있는 것은 행위의 주관적 원리인 준칙으로서, 그 준칙을 법칙으로 의욕 하려면 그것이 보편화 가능해야 한다. 그렇기 때문에 인간의 도덕적 행위를 위한 구체적인 행위의 내용은 어디까지나 행위자의 준칙을 통해서 마련된다. 예를 들어 앞서 살펴본 거짓 약속의 경우처럼, '현재 내가 처한 어려움을 극복하기 위해 거짓으로 약속하겠다'는 준칙을 살펴보자. 내가 거짓으로 약속을 하겠다는 준칙은 보편화 가능하지 않기 때문에 그런 약속을 해서는 안 된다. 왜냐하면 약속은 내가 자신에게 의무를 부여하는 행위이지만, 거짓 약속은 내가 자신에게 그어떤 의무도 부과하지 않는 행위이기 때문이다. 그렇기 때문에 자기 자신에게 의무를 부과하는 행위들 가운데 그 어떤 것도 자기 자신에게 의무를 부과하는 행위와 결합할 수 없다. 물론 어린 아이가 자신이 감당할 수 있을지 어떨지 모르는 상황에서 약속을 한 것이라면, 그 약속을 준수하지 못했다고 해서 그 아이를 도덕적으로 문제가 있다거나 비난할 수는 없다. 또한 아이가 약속을 지키려고 하였으나 자신이 견딜 수 없는 어떤 힘의 논리에 의해 약속을 지키지 못한 경우에는 우리는 그 아이를 문제 삼을 수 없다. 보다 현실적 관점에서 접근해 보더라도, 모든 사람이 약속을 지키지 않는다면, 약속을 믿을 사람은 아무도 없게 되며 이는 결국 약속이라는 관계의 방식에 대한 신뢰성을 떨어뜨리는 것이다. 다시 말해 거짓 약속을 보편화한다면, 약속은 실제로 이루어지지 않을 뿐만 아니라 관계적 존재로서 인간이 공동생활을 해 나갈 수도 없다. 칸트가 거짓 약속의 예에서 문제 삼고 있는 것은 어디까지나 그 약속을 규정하는 주관적 원칙이다. 그래서 거짓 약속의 준칙은 보편적이고 필연적인 법칙으로 간주될 수 없고, 칸트가 약속을 규정하는 주관적 원칙을 문제 삼듯이, 우리가 선한 의지에 따라 의무를 이행해야 한다는 행위의 근거는 준칙의 내용이 아니라 준칙의 형식에 있다. 사실상 칸트의 윤리학이 공허하고 형식적이라는 비판이 무의미한 것은 아니다. 그러나 그의 윤리학을 법칙의 속성인 보편성과 필연성의 형식에만 머무는 것으로 보아서는 안 되며, 그의 정언명령은 준칙의 검토로부터 가능할 뿐만 아니라 그 준칙으로부터 행위의 내용이 마련된다는 점이다. 약속을 지키려고 하였으나 예상하지 못한 상황이 발생하여 그 약속을 지키지 못한다면, 우리는 약속을 어긴 인간을 도덕적으로 비난하기 어렵다. 칸트 역시 이런 지적에 동의할 것이다. 다만 그는 거짓 약속의 토대가 되는 준칙, 소위 불성실한 준칙이라는 거짓 약속을 규정하는 행위자 자신의 의지의 형식을 문제 삼고 있을 뿐이다.

칸트는 자신의 윤리학이 형식적이라는 비판에 대해 그렇지 않음을 『도덕형이상학』에서 보여주고자 하였다. 그는 『도덕형이상학정초』에서 도덕성의 최고 원리를 확립한 후, 그 원리의 현실적용 가능성에 대해서는 자신의 말기 작 『도덕형이상학』에서 보다 자세하게 언급한다. 특히 그는 정언명령이 현실에서 적용가능하려면 어디까지나 인간의 판단력의 훈련이 요구된다고 보았으며, 보다 더 중요한 사실은 정언명령에 따라 행위 하려는 강한 의지가 있어야 한다고 보았다. 칸트의 윤리학이 대표적으로 비판받는 점은 앞서 언급했듯이 형식적이라는 것인데, 이때 형식적이라는 것은 도덕적 행위를 위한 생각이 반드시 행위로 이어지지 않는다는 의미이다. 칸트는 인간을 자신의 이성적 능력을 토대로 행위의 규칙을 세우고, 그 규칙에 스스로 복종할 줄 아는 자율적인 존재라고 하였다. 이는 자연법칙의 지배를 받는 인간이 자신의 선의지에 입각하여 그 자연법칙을 극복하고 도덕 법칙에 복종할 수 있음을 의미한다. 우리가 참된 인간성이라는 이념적 토대 위에서 다른 사람과 인격적인 관계를 형성하기 위해서는 도덕성으로 무장해야 하며, 그기기 위해서는 무엇보다 도덕 법칙에 따라 행위할 수 있도록 노력해야 한다. 그러나 도덕적 삶을 위한 인간의 도덕적 노력이 생각만큼 그리 쉬운 것은 아니다. 왜냐하면 우리의 도덕적 삶을 저해하는 요소인 본성적 욕구 혹은 경향성이 우리의 도덕적 삶을 위한 이성의 명령을 방해하기 때문이다. 이에 칸트는 도덕 법칙에 따른 행위의 실천적 가능성을 인간의 강한 의지에서 찾고 있다. 그에 의하면 도덕 법칙에 따라 행위 할 수 있는 의지의 강한 힘은 바로 덕이며, 이 덕을 '도덕적인 힘', '자기 강제의 능력', '도덕적으로 선한 마음의 태도', '투쟁 중에 있는 도덕적 성향'이라고 기술한다. 물론 덕은 인간이 태어나면서 갖고 있는 것은 아니며, 교육 혹은 실천을 통해 고양될 수 있다고 보았다.

이런 맥락에서 칸트가 『도덕형이상학』의 「덕 이론」에서 보여주고 있는 자신의 입장은 동시대로부터 오늘날까지 중요한 의미를 갖는다. 그의 「덕 이론」은 의지의 강한 힘인 덕을 통해 인간 행위의 한계를 규정하는 도덕 법칙과 더불어 도덕적 행위자가 구체적 상황에서 무엇을 해야 하는지 결정해 줄 수 있기 때문이다. 이른바, 행위자가 준칙을 정식화하는 단계에서 자신의 행위를 해석하기 위한 일종의 자유로운 활동 공간, 즉 여지를 갖는데, 이 여지 속에서 행위자는 자신의 도덕적 판단력의 역할을 작동시키고 그에 따라 행위 하는 것이다. 그래서 인간은 덕을 통한 감정의 훈육을 통해 자신의 감정을 도덕적으로 행위 하기 위한 감정으로 변화시킬 수 있으며, 판단력의 훈련을 통해 자신의 행위를 보다 구체화 할 수 있다. 이처럼 그의 「덕 이론」은 아리스토텔레스가 자신의 윤리학에서 프로네시스, 즉 실천적 지혜를 중요하게 생각하였던 것처럼, 칸트 역시 약간은 다르지만 비슷한 맥락에서 실천적 판단력을 중요하게 생각하였다. 특히 도덕 법칙의 최종적인 적용의 문제들을 다루는 '결의론적인 질문들' 부분에서 도덕적 판단의 연습과 훈련을 집중적으로 다루고 있다. 물론 도덕 법칙의 적용을 위한 그의 시도가 그의 윤리학이 완전히 형식적이지 않다는 것을 입증한 것은 아니지만, 그럼에도 모든 윤리 이론이 인간의 경험적이고 현실적인 세계에 예외 없이 적용될 수 없다는 점을 감안할 때, 이러한 그의 노력은 자신의 윤리학이 어디까지나 형식적인 차원에 머물고 있지 않다는 근거로서 기능을 하기도 한다. 그렇기 때문에 칸트의 입장에서는 도덕적으로 행위 하려는 의지의 강한 힘인 덕과 도덕 법칙의 적용을 위한 판단력은 그가 『도덕형이상학정초』에서 확립한 최고의 도덕 법칙을 구체적인 현실세계에서 실현하기 위해 전개한 불가피한 선택이자 과정이라고 볼 수 있다. 그러므로 칸트의 윤리학을 어디까지나 '형식적이며 추상적이고 공허하다'고 비판하는 것은 그의 윤리학 전체 체계에서 평가한다면 일면적인 지적일 수 있다.

다음으로, 칸트의 윤리학은 개인적이고 형식적인 윤리설에 머물러있다고 비판받는다. 특히 독일철학자 헤겔이 이와 같이 비판하는데, 그는 칸트가 인간이 사회 속에서 겪는 상호 인정과 투쟁을 단순히 개인적 차원에서 단순히 내면의 의식 속에서 해소하려고 하는 관념적이고 주관적인 형태를 보여줄 뿐이라고 한다. 게다가 칸트의 윤리학은 오로지 도덕 법칙의 선험적 보편성과 필연성에 주목하기 때문에 형식적인 원칙과 규칙에 집착한 나머지 진정한 도덕적 가치를 지닌 행위의 형식에만 주목했을 뿐 그 행위를 이행하는 행위자에 주목하지 못했다는 것이다. 예를 들어 도덕 법칙들이 서로 충돌할 경우에 우리는 어떻게 해야 하는가와 관련된 예이다. 과연 우리는 결코 거짓말해서는 안 되는가? 예를 들어 나의 친구 한명이 자신을 죽이려고 하는 사람으로부터 쫓기던 중 나의 집을 찾아와 숨었다고 하자. 곧 이어 나의 친구를 죽이려고 하는 사람이 나의 집 초인종을 누른 후 나의 친구를 보지 못했느냐고 묻는다면 과연 나는 거짓말을 해야 하는가 아니면 사실대로 말해야 하는가? 구체적으로 살펴보면 '거짓말 하지마라'와 '도움을 필요로 하는 사람은 도와주어야 한다'는 도덕 법칙이 서로 충돌하는 상황이다. 사실 인간의 삶에서 전통과 관습이 차지하는 비중을 고려해본다면, 우리는 얼마든지 나의 친구를 위협하는 사람으로부터 보호하기 위해 거짓말을 할 수 있다고 생각할 것이다. 하지만 칸트는 거짓말을 해서는 안 된다고 한다. 대다수의 사람들은 이런 그의 입장을 인정하지 않을 것이다. 다만 여기서 칸트가 주목하는 것은 도덕의 원리는 결코 어떤 예외도 허용해서는 안 되며, 만약 어떤 예외를 허용한다면 보편성을 완전히 훼손하는 것이라고 지적한다.

그리고 행위자 역시 감정을 지닌 존재이기 때문에 사랑, 우정, 자선 등의 차원에서 행위를 할 수도 있는데, 칸트는 법칙에 대한 존중만을 유일한 동기라고 말한다. 칸트가 인간의 일상적인 도덕성의 개념을 너무 협소하게 파악하고 있다고 비판하는 것이다. 말하자면 인간이 도덕적으로 행위 하는 것은 법칙에 대한 존중의 감정으로부터 행위 할 수도 있지만, 친구들 간의 사랑과 우정을 위해서 또는 다른 사람들에 대한 동정심으로부터 얼마든지 행위 할 수 있다. 과연 사

▶ 쾨니히스베르그 대학의 훌륭한 학자들(대성당 내 부조)

랑과 우정 그리고 동정심의 관점에서 행해진 행위가 진정한 도덕적 가치가 없다고 확신할 수 있는지는 의문이다. 왜냐하면 일반적으로 우리는 사랑, 우정, 동정심 등으로부터 한 행

▶ 전쟁으로 파괴된 쾨니히스베르그 대성당

▶ 현재 복원된 쾨니히스베르그 대성당

위에 대해 도덕적인 가치가 있다고 보기 때문이다. 하지만 칸트가 도덕적 행위에서 인간의 감정은 그 어디에도 설 자리가 없다고 본 것은 아니다. 그가 강조하고 있는 점은 도덕성의 토대 소위 진정한 도덕적 가치는 법칙에 대한 존중이라는 의무감이어야 한다는 것일 뿐이다. 사실 비교적 또는 늘 도덕적으로 행위 하는 사람은 감정적으로 메말라 있지 않으며 오히려 자신뿐만 아니라 다른 사람을 사랑하며, 그래서 더 선한 행위를 하려는 등의 삶의 실천적 모습을 더 잘 보여준다. 실제로 칸트는 『도덕형이상학』에서 도덕감정, 양심, 이웃에 대한 사랑, 자신에 대한 존경 등을 도덕적 기질이라고 하면서, 이러한 기질들을 가지는 것이 의무는 아니지만 우리는 이들 덕분에 의무적일 수 있다고 한다. 칸트가 말하는 도덕적인 삶이 너무 형식적이고 엄숙하기 때문에, 마치 그가 인간의 고유하고 본성적인 감정을 배제하고 있는 것처럼 생각하는데, 이런 생각은 일종의 오해이다. 따라서 그의 윤리학이 감정을 배제하였다거나 행위자를 제대로 주목하지 않다고 비판하는 것은 정당한 지적이라고 보기는 어렵다.

마지막으로, 칸트는 인간의 삶에 있어서 행복의 가치를 너무 낮게 보고 있다고 비판받는다. 그는 아리스토텔레스의 윤리학을 행복의 윤리학이라고 하면서 그의 윤리학은 진정한 도덕적 가치를 지니지 못한다고 비판한다. 왜냐하면 행복이 도덕성의 토대가 된다는 것은 결국 도덕이 행복을 달성하기 위한 수단적인 것으로 전락하기 때문이다. 그렇다면 과연 칸트는 이 행복에 대해서는 아무런 가치도 없고 그래서 그 어떤 의미도 부여하지 않는가? 사실 인간이라면 행복을 바라며 살아가는 것이 당연하기도 자연스럽기도 하다. 일반적으로 보더라도 도덕적으로 행위 하는 경우보다 그렇지 않은 경우에 인간은 더 행복할 가능성이 크다. 이런 비판 역시 칸트를 오해한 결과이다. 칸트가 행복을 거부한 것은 어디까지 그것이 도덕성의 토대가 되지 못하기 때문이다. 다시 말해 행복이 도덕 원리로 작용하는 것은 진정한 도덕적 가치를 산출하지 못한다는 것이다. 오히려 칸트는 『실천이성비판』에서 "행복함은 이성적이면서 유한한 모든 존재자가 필연적으로 추구하는 것이며, 따라서 유한한 존재자의 욕구 능력을 불가피하게 규정하는 근거"라고 말하며, 『도덕형이상학』에서는 "인간의 본성이 우리의 상황에 만족하는 행복을 추구하고 바라는 것은 불가피하기 때문에, 우리가 본성이 추구하고 바라는 행복의 영속함을 확신하는 한, 이것은 의무인 목적은 아니다"라고 한다.

행복의 원리와 윤리를 이렇게 구별하는 것이 그렇다고 곧 양자를 대립시키는 일은 아니다. 순수한 실천이성은 우리가 행복에 대한 모든 요구를 포기하고자 하는 것이 아니라, 단지 의무가 문제가 될 때 그런 것을 전혀 고려치 않으려 하는 것이다. 오히려 어떤 점에서 볼 때는 자기의 행복을 배려하는 것은 의무일 수도 있다. 어떤 면에서 행복—숙련성·건강·부유함이 이것에 속하는데—은 의무를 완수하기 위한 수단을 포함하고, 어떤 면에서 행복의 결여(예컨대, 가난)는 의무를 벗어나게 하는 유혹을 함유하고 있으니 말이다. 다만 자기 행복만을 촉진하는 일은 직접적으로는 결코 의무일 수가 없고, 더구나 모든 의무의 원리일 수는 없다.[39]

이처럼 그는 우리에게 행복을 추구하지 말아야 한다고 하는 것이 아니다. 칸트 역시 행복이 인간의 경향성 및 욕구들의 만족이라고 보았고, 나아가 경향성과 욕구들은 그 자체로 좋은 것이라고 보았다. 다만 그것들이 도덕적으로 문제시될 경우에만 최우선적으로 고려되어야 할 대상으로 보지 않았을 뿐이다. 칸트의 과제는 어디까지나 인간의 삶, 특히 도덕적 삶에서 경향성과 욕구의 역할과 그 경계가 무엇인지 해명하는 것이었다. 이런 그의 입장은 『도덕형이상학』에서 잘 나타나는데, 그는 그것을 가지는 것인 의무이자 동시에 목적이라고 하면서, 이런 목적은 곧 덕의무(Tugendpflicht)라고 한다. 그는 두 가지의 덕 의무를 제시하는데, 하나는 '자기 자신의 완전함(Eigene Vollkommenheit)'이고 다른 하나는 '다른 사람의 행복(Fremde Glückseligkeit)'이다. 그래서 그는 행복이 각 개인의

---

[39] 임마누엘 칸트, 백종현 옮김, 같은 책, 205~206쪽.

도덕성에 이르는 수단이라고 보고 있으며, 숙련성, 건강, 부유함 등은 인간의 도덕적 삶을 실천하는 데 도움을 줄 수는 있다고 하였다. 그렇기 때문에 행복한 사람은 도덕 법칙이 명령하는 바에 따라 행위 할 능력을 더 많이 지니고 있다. 따라서 도덕적인 삶을 실천하기 위해 수단으로서의 행복은 우리가 추구해야 하지만, 오로지 목적으로서 추구하기 위해 행위 해서는 안 된다. 결국 행복에 대한 칸트의 입장은 자연적 행복에 있는 것이 아니라 도덕적 행복에 있다. 다시 말하면 그는 행복보다 도덕을 더 우선시하였기 때문에, 자율로서의 자유를 실천적으로 행사한 행위자의 만족은 어떤 특수한 감정에 의존하는 일시적인 것이 아니라 보다 지속적인 것이다. 이런 만족은 감각적 만족이 아니라 지성적인 만족이며, 도덕적 행위를 실천한 이후에 발생하는 그런 만족이다. 예를 들어 우리가 다른 사람을 돕는 행위를 하고나면 그 행위자에 찾아오는 뿌듯함, 즉 만족감을 느낄 수 있는데, 이런 만족감이 도덕적 행복이다.

9. 인간은 왜 도덕적으로 살아야 하는가?

2015년 대한민국 사회를 강타한 큰 사건이 발생했다. 바로 메르스 사태였죠. 당시 온 국민들은 불안에 떨어야했고, 정부와 보건당국에 대한 국민의 신뢰는 땅바닥으로 떨어졌다. 특히 당시 심각했던 문제는, 메르스 감염자에 대한 보건당국의 보호가 예외 없이 적용되어야 했음에도 불구하고, 보호의 사각지대가 존재했다는 점이다. 왜 이런 일이 발생했던 것일까? 인간이 존엄하다는 것은 모든 인간은 평등하다는 사실뿐만 아니라 차별도 없어야 함을 뜻하는데, 안타깝게도 2015년의 대한민국은 모든 메르스 감염자를 보호하고 관리하지 못했다. 인간은 선한 의지에 따라 의무를 이행하는, 즉 그렇게 행위 하는 것이 의무라는 사실을 인식하고, 그런 인식과 더불어 도덕적으로 행위 하는 존재이다. 그리고 진정한 도덕적 가치를 지닌 행위를 의무에서 행위 하는 인간은 훌륭한 인격의 소유자이다. 바로 이런 점에서 인간과 동물의 차이는 드러난다. 인격체이자 존엄한 존재인 인간이 국가적 비상사태를 선포하게 할 만큼 무서운 전염병에 감염되었는데도, 국가로부터 보호받지 못하는 일이 발생하는 것은 모든 사람은 평등하게 대우받아야 한다는 대원칙에 위배된다. 더욱이 칸트가 말하는 정언명령에 따라 다른 사람을 대해야 한다는 윤리적 입장, 다시 말하면 "네 인격 안의 인간성뿐만 아니라 모든 사람의 인격 안의 인간성까지 결코 단지 수단으로만 사용하지 말고, 언제나 수단과 동시에 목적으로도 사용하도록 그렇게 행위 하라"는 도덕적 명령의 차원에서도 상당히 잘못된 조치였다. 이와 관련된 한 방송사의 뉴스 브리핑의 내용을 살펴보자.

투명인간, 오늘 앵커브리핑이 주목한 단어입니다. 사회의 맨 얼굴, 즉 화장이 벗겨진 민낯은 위기상황에서 더욱 적나라하게 드러납니다. 그리고 그 사회가 처한 위기상황은 약자에게 더욱 냉정하게 작용하는 것 같습니다. 탄탄한 줄로만 알았던 국가 방역 망이 무너진 것 이상으로 당황스러운 일들이 일어나고 있습니다. 명단에 없는 사람들, 즉 이름은 있으되 불리지도 관리되지도 않았던 이른바 투명인간들의 존재가 속속 드러나고 있는 것입니다. 대전 대청병원에서 근무한 전산업체 직원 메르스에 감염됐지만 파견 직이라는 이유로 관리대상에서 빠졌습니다. "그 사람이 말을 안했다(-병원관계자)", "지하에서만 업무를 했다(–질병관리본부)." 관련자들의 해명 어떻게 생각하시는지요? 그 사이 집이 부산인 그는 870명가량의 사람과 접촉했습니다. 삼성서울병원의 응급이송요원 역시 제대로 관리되지 못했습니다. 열이 났지만 당장의 생계가 걱정된 탓인지 아흐레 동안 일을 계속 했고, 그 사이 그는 400명 넘는 사람과 접촉했습니다. 역시 간접고용형태인 대형병원 안전요원과 청원경찰 등도 메르스에 감염됐고, 이번 사건 초기 인천공항 비정규직 근무자에게는 보호 장구조차 지급되지 않았다는 사실도 이미 알려졌습니다. 이 마스크를 쓰고 싶어도 쓰지 못하는 서비스업 종사자들 역시 꽤 많았습니다. 대부분이 파견직 혹은 계약직이라는 이유로 사회가 명단취급해오지 않은 사람들, 우리라고 부르지 않았던 사람들, 즉 이름을 부르지 않는 투명인간들이 아니었을까요? 바이러스는 정규직과 비정규직을 차별하지 않는데, 사회적 차별로 틈새가 벌어졌고, 그 사이로 신종질병은 가차 없이 파고든 셈입니다. 어찌 보면 우리 사회는 내 곁에 있는 사람들조차 바라보려하지 않으면서, 보이지 않는 질병과 싸우겠다는 모순에 빠져있었던 셈이죠. 그렇게 메르스는 우리 사회의 감춰진 민낯마저도 낱낱이 보여주고 있는 중입니다. 오늘의 앵커브리핑이었습니다.[40]

---

[40] Jtbc 뉴스룸 '앵커브리핑(2015.06.15).'

당시 우리사회를 공포에 휩싸이게 하고 있는 메르스 사태
는 인간으로 하여금 자신의 존재와 삶의 방식에 대한 근본적
인 반성을 하게 만들었다. 나의 가족과 친구들만큼은 무사해
야 한다고 바라는 심정은 인간의 보편적 감정임에는 분명한
데, 그들의 사회적 위치가 어디인가에 따라 사회로부터 보호
받거나 보호받지 못하는 상황은 분명 우리에게 시사하는 바
가 크다고 할 것이다. 위에서 언급된 전산업체 직원, 응급이
송요원, 안전요원, 청원경찰은 비정규직이라는 이유로 존중받
지 못했을 뿐만 아니라 위험한 질병으로부터 보호받지도 못
했다. 우리 사회에 만연해있는 이러한 처사는 용인될 수 없다.
왜냐하면 우리가 알고 있는 가장 바람직한 인간관계는 차별
없이 서로가 서로를 존중하고 상호간의 독립성을 인정하는
것이기 때문이다. 그럼에도 우리 사회는 인간의 존엄성을 존
중해야한다는 기본적인 생각을 정규직이냐 혹은 비정규직이
냐에 따라 다르게 적용하고 있는 듯하다. 우리는 과연 이러한
현상을 어떻게 바라보아야 할 것인가?

  칸트는 다른 사람을 수단이 아닌 목적으로 대하라고 하였
다. 이 말은 다른 사람을 나의 이익과 같은 주관적인 목적을
극대화하거나 달성할 수 있는 수단적인 존재로 대우하지 말
고, 그 어떤 개인의 목적과는 관계없이 완전한 존재, 달리 말
하면 인격을 지닌 존재로 대우하라는 의미이다. 따라서 모든
인간은 특별한 가치와 존재의미를 지니고 있기 때문에, 인간

은 다른 인간으로부터 존중받아야 하며, 동시에 다른 사람을 존중해야할 의무를 가진다. 생각해보자. 부모가 자식이 친구나 다른 사람으로부터 괴롭힘이나 무시를 당한다면, 그 부모는 어떤 심정이겠는가? 더 세부적으로 본다면, 부모는 내 자식이, 다른 사람들과 비교해보면, 무엇이 부족한 것도 아닌데, 또한 다른 사람에게 해를 끼친 것도 아닌데 왜 다른 사람들로부터 저런 대접을 받아야 하는가하며 가슴을 칠 것이다. 이는 곧 무엇을 의미하는가? 결국 인간은 누구나 차별 없이 대우를 받아야 한다는 평등한 존재임을 의미한다. 따라서 누구나 예외 없이 평등한 대접을 받을 수 있는 근거는 다름 아닌 인간은 존엄한 존재이자 인격을 지닌 존재라는 사실이다. 이러한 사실이 과학적 진보와 기술이 발달한 오늘날의 상황에서 실증적으로 명확하게 증명될 수 있는 것이 아니라 하더라도, 이성적인 능력을 지닌 존재라면 이러한 인간의 본질적 특성을 부인할 수 없고 또한 우리의 이성은 하나의 사실로서 이미 알고 있다.

인간은 본능에 따라 그저 살아가는 존재가 아니다. 자신의 삶의 의미가 무엇인지 그래서 어떻게 살아가야 하는지 늘 고민하며 살아간다. 이러한 인간의 특징은 정신의 능력을 소유하고 있기 때문에 가능한 일이기도 하다. 그래서 인간은 사실을 사실로서 인식하고, 그 사실에 대한 의견과 가치를 다른 사람과 함께 토론하고 공유할 수 있는 그런 반성적 인식을 한다. 이는 곧 인간은 동물처럼 본능의 방식으로만 살아가는 존재가 아님을 뜻한다. 이성적 능력을 지닌 인간은 정신의 반성적 사유능력을 동원하여 자신의 삶이 올바르고 선한 방향으로 전개될 수 있도록 행위의 법칙을 설정하고, 그 법칙에 따라 행위 할 수 있다. 그래서 인간은 자유로운 존재이다. 이런 맥락에서 칸트가 "자유는 도덕 법칙의 존재근거이자 도덕 법칙은 자유의 인식근거"[41]라고 말한 것은 인간이 본능적인 삶의 차원을 넘어 도덕적인 삶의 차원으로 나아갈 수 있다는 의미에서이다. 따라서 선한 의지를 지닌 인간은 '의무에서'의 행위를 통해 참된 도덕적 가치를 실천하며, 그런 실천적 행위를 통해 인간은 자유로운 인격체가 될 수 있는 것이다.

그런데 인간이 자유로운 존재이고 선한 방식으로 살아갈 수 있다고 해서 이성이 명령하는 도덕 법칙에 따라 언제나 선하게 살아가는 것은 아니다. 그만큼 우리는 자연법칙, 소위 본능과 관계하는 인과법칙으로부터 근본적으로 벗어날 수 없는 성향을 소유하고 있다. 어떻게 보면 인간의 본성적인 욕구와 경향성, 즉 자신의 행복과 이익을 위해서 최선을 다해 살아가는 인간의 모습은 너무나 자연스러운 것일지도 모른다. 하지만 인간은 자유의지를 지닌 이성적 존재이기도 하다. 그래서 인간은 매순간 자신의 삶의 영역에서 자유를 경험하며,

---

[41] 임마누엘 칸트, 백종현 옮김, 같은 책, 37쪽.

그 자유로 인해 갈등과 충돌을 더욱 실감하며 살아간다. 만약 인간에게 자유가 부여되지 않았더라면, 도덕성은 인간에게 그 어떤 영향력도 발휘하지 못했을 것이다. 다행히도 인간은 자신의 본성적 욕구의 법칙에 이끌리기도 하지만 동시에 자유의 법칙에 이끌리기도 하기 때문에, 자신의 삶에서 도덕성이 차지하는 위상이 어느 정도인지 그래서 각자는 어떻게 살아야하는지를 너무나 잘 알고 있다. 그래서 인간은 도덕 법칙에 대한 존경으로부터 행위 하고자 하는 선한 의지를 토대로 이성의 명령이 아닌 경향성의 명령에 이끌리는 자의를 넘어설수 있다. 그렇기 때문에 인간은 훌륭한 인격의 소유자가 될수 있는 것이다. 그러나 안타까운 점은 인간이 자유로운 인격체가 되기 위해 도덕적인 방식으로 살아가려는 과정 속에는 언제나 고통이 따른다. 인간이 이러한 고통을 기꺼이 즐길 수 있을 만큼 강한 의지를 지니고 있다면 다행이지만, 일반적으로는 그렇지 못하다. 게다가 자유로운 인격체로서 인간이 모두 인정하고 수용할 수 있는 도덕성이 아직은 정립되지 못했다. 물론 각 시대에 따라 도덕이 존재했었고 지금까지 전해지고 있는 것은 사실이나, 각 시대에 통용되었던 도덕이 어디까지나 상대적일뿐만 아니라 심지어 왜곡되는 경우가 많았다. 그렇기 때문에 도덕이 도덕으로서의 자격, 곧 순수한 의미를 지닌 도덕으로 자리매김하지 못한 것이다.

오늘날 우리들에게 필요한 것은 인간으로서 가야할 길을

상대적이고 주관적인 도덕에서가 아니라 보편적이고 객관적인 도덕, 이른바 사이비 도덕에서가 아니라 참되고 순수한 도덕으로부터 찾아야 한다는 점이다. 인간은 자유로운 존재임에는 분명하지만, 칸트 이전의 윤리학의 기준은 자유로운 인간을 늘 일정한 틀에 가둔 채 도덕적으로 살아가게 할 뿐이었다. 냉정하게 본다면 당시 인간의 도덕적 삶은 참된 의미의 도덕적 삶은 아니었던 것이다. 왜냐하면 자연의 법칙, 신의 계시 등과 같은 칸트 이전의 윤리학의 기준은 자유로운 인간을 일정한 틀 속에서 늘 강제하고 억압하였기 때문이다. 그래서인지 우리는, 무관심하거나 냉소적인 태도를 유지한 채, 시대와 역사의 흐름 속에 자신을 타율적으로 내맡길 뿐 현재의 상황에 작동되고 있는 가치나 체계에 대해 자율적으로 비판해보지 못했다. 이제 우리는 상대적이고 왜곡된 도덕을 과감히 거부하고 보편적이고 순수한 도덕성의 토대위에서 진정한 도덕적 가치를 지닌 행위를 실천해야 한다. 인간의 진정한 자유는 단순히 억압된 상태로부터 해방되는 것에 있는 것이 아니라 그 해방을 넘어서는 적극적이고 능동적인 삶의 태도에 있다. 즉 인간은 자신이 무엇을 하고 싶은지 또는 무엇을 해야 하는지와 관련하여 스스로가 결정하고 판단한다. 이것이 진정한 자유인의 모습이자 타율이 아닌 자율의 관점에서 자신의 삶을 전개하는 것이다. 결국, 칸트 역시 동일하게 주장하였듯이, 인간이 도덕적으로 살아야 하는 이유는 모든 인간이 존엄하다는 사실 때문이며, 이와 더불어 존엄한 인간의 자유와 인격을 위해서이다. 하지만 인간의 진정한 자유는 이성이 명령하는 도덕 법칙에 대한 존중으로부터 자율적으로 따를 경우에 비로소 마련된다. 그래서 칸트는 인격의 존중을 믿었으며, 그가 관심을 둔 존중은 다른 사람으로부터 강제되거나 간섭을 받지 않고 스스로 행위 할 수 있는 능력 또는 자신의 선택을 자율적으로 할 수 있는 능력을 의미한다. 그렇기 때문에 순종과 복종은 기계적이고 수동적인 삶의 자세를 가진 사람에게는 진정한 덕목이 될 수 있으나, 적극적이고 능동적인 자세로 삶을 살아가고자 하는 진정한 자유인에게는 참된 덕목이 될 수 없다.

인간은 선한 의지를 토대로 의무를 스스로 이행할 때, 인간의 그 행위는 진정한 도덕적 가치를 갖는다. 인간이 선한 행위를 해야겠다는 생각은 어떤 특정한 강요에 의해서가 아니라 어디까지나 그 인간의 자유로운 의지로부터 발생한다. 인간의 선한 의지가 실천이성이 명하는 도덕 법칙을 따르는 것은 오로지 도덕 법칙에 대한 존경 때문이다. 도덕 법칙에 대한 존경은 곧 선한 의지를 의미한다. 그리고 인간의 의지는 경향성과 욕구의 대상에 의존하지 않고 자신 내의 주관적 원리에 의해 자기를 규제하는 객관적인 법칙을 스스로 세울 수 있다. 인간이 법칙에 대한 존경으로 말미암아 자신에게 의무를 부과하는 것은 자율적이기 때문에 가능하다. 칸트는 인간의 자율로서의 자유를 인간존엄성의 근거로 파악하였고, 이러한 자유를 통해 훌륭한 인격체가 될 수 있다고 보았다. 결국 인간이 존엄하다는 것은 어느 누구도 예외 없이 각자의 존엄성이 다른 사람들로부터 존중받아야 할 뿐만 아니라 서로가 서로를 차별 없이 평등하게 대우해야 한다는 것을 의미한다.

모든 인간은 자유롭고 평등한 존재이며, 누구나 자유롭게 말할 수 있고 행동할 수 있다. 그런데 우리 사회에서는 이 기본적인 상식마저도 설 자리를 잃어버리고 있는 듯하다. 그래서인지 우리는 다름을 다름으로 인정하지 않으려고 하며 또한 서로간의 차이를 존중하지 못한 채 서로를 향해 자신의 주장만을 강하게 펼치고 있는 상황이다. 게다가 우리의 관습적 생활양식이 예의범절과 순응을 강조해왔기에 세대 간의 대화와 타협에 있어서도 아랫사람은 윗사람을 언제나 공경하고 존중해야 한다는 순종의 자세를 강조해왔다. 그렇기 때문에 우리는 참된 가치와 진리를 말해야 함에도 말하지 못하였고 때로는 자신이 예상치 못한 보복을 당할 수도 있다는 두려움으로 인해 자신의 입장을 자율적으로 피력하지도 못했다. 이처럼 타율적인 도덕과 관습은 우리가 인간으로서 지향해야할 진정한 도덕과 가치를 늘 외면하게 만들었다. 그러나 이제는 달라져야 한다. 왜냐하면 인간이 올바른 도덕적 가치를 외면할 정도로 진정한 자유인의 모습으로 살아가지 못하는 것은 도덕에 대한 근본적 오해와 더불어 삶에 대한 소극적 태도로부터 비롯되었기 때문이다.

칸트는 "인간은 교육을 필요로 하는 유일한 존재"[42]라고
말한다. 그가 인간에게 교육이 필요하다고 한 것은 인간을 배

운 대로 행동하게 하는 기계
적이고 수동적인 존재로 전
락시키기 위함이 아니라 배
운 내용을 토대로 진보하는
자율적이고 능동적인 인간으
로 나아가도록 하기 위해서
이다. 따라서 자율적 인간을
위한 도덕은 외적인 억압도 무조건적인 복종이어서도 안 된
다. 물론 선한 의지가 타율적인 강제 아래 있는 것처럼 보이
고, 또한 도덕의 본질이 타율적 강제에 존립하는 것처럼 보일
수 있다. 하지만 그것은 오해일 뿐이며 겉보기에 그렇다는 의
미이다. 인간이 선한 의지에 따라 의무를 이행하는 것은 누가
시켜서 혹은 처벌에 대한 두려움 때문에 아니라 도덕 법칙에
대한 존경으로 인해 스스로 행위 하려는 자율성 때문이다. 이
런 자율적 태도 덕분에 인간은 진정한 자유인이 될 수 있으
며, 나아가 훌륭한 인격자가 될 수 있다. 독일 철학자 아도르
노는 『부정의 변증법』에서 "인간은 어느 누구나 예외 없이

---

[42] I. Kant, *Schriften zur Anthropologie, Geschichtsphilosophie, Politik und Pädagogik*,
Wilhelm Weischedel(Hg.), Werkausgabe, Bd. 12, Frankfurt, 1977, 697쪽.

아직 그 자신이 아니다(Die Menschen keiner ausgenommen, sind überhaupt noch nichte sie selbst)"[43]고 한다. 우리가 완전한 존재가 아니라는 사실은 어떤 면에서는 인간이 완전해지기 위해서 능동적이고 역동적일 수밖에 없음을 말해준다. 따라서 부족함을 채우려는 삶의 역동성은 우리로 하여금 '왜' 혹은 '어떻게'라는 질문에 대한 의미 있는 답변을 제공해 줄 것이며, 또한 이런 인간의 삶의 태도는 진정한 자유인의 모습이라 할 것이다.

인간에게 도덕적 소질이 있다는 사실이 모든 인간을 도덕적 존재로 만들어주지 않는다. 그리고 우리는 도덕적 소질을 바탕으로 도덕적 완전성을 지향한다. 물론 도덕적 완전성은 형식적인 도덕 법칙과 부합하는 것이므로, 그 도덕적 완전성은 인간의 현실적 삶속에서 자동으로 실현되는 것이 아니다. 오히려 우리는 도덕적 완전성을 실현해야하는 과제를 안고 있다. 이런 과제를 위해 칸트는 "신이 인간에게 모든 선에 대한 경향성을 갖추어 주었다"고 하면서도 인간은 자신 속에 내재된 선의 성향, 즉 도덕적 소질을 계발해야 한다고 보았다. 우리가 실천이성이 명령하는 도덕 법칙을 따르는 것은 그 법칙을 따르지 않았을 때의 두려움이나 처벌 때문이 아니다. 오히려 우리의 선한 의지는 오로지 도덕 법칙에 대한 존경으로 인한 자율적인 태도 속에서 자신의 행위의

---

[43] Th. W. Adorno, *Negative Dialektik*, Gesammelte Schriften Bd. 6 (Ffm.: Suhrkamp, 1977.), 274쪽.

준칙을 보편적인 도덕 법칙으로 삼는다. 곧 인간에게 도덕성은 자신의 삶에 있어서 최고의 목표이다. 그러므로 인간에게 도덕성은 자신의 인격성을 보다 더 높일 수 있는 유일한 토대이며, 이런 도덕성을 바탕으로 우리는 도덕적으로 더 완전해질 수 있다.

참고문헌

강영안, 『도덕은 무엇으로부터 오는가?』, 소나무, 2000.

김상봉, 『호모에티쿠스 윤리적 인간의 탄생』, 한길사, 1999.

김석수, 『칸트와 현대사회철학』, 울력, 2005.

랄프 루드비히, 이충진 옮김, 『쉽게 읽는 칸트, 정언명령』, 이학사, 2006.

로버트 L. 애링턴, 김성호 옮김, 『서양 윤리학사』, 서광사, 2003.

만프레트 가이어, 김광명 옮김, 『칸트평전』, 미다스북스, 2004.

문성학, 『삶의 윤리적 지평』, 다날, 2017.

문성학, 『칸트 윤리학과 형식주의』, 경북대학교 출판부, 2006.

박종대 · 이태하 · 김석수 공저, 『현대인의 삶과 윤리』, 민지사, 2002.

A. 매킨타이어, 김민철 옮김, 『윤리의 역사, 도덕의 이론』, 철학과 현실사, 2004.

임마누엘 칸트, 김석수 옮김, 『순수이성비판서문』, 책 세상, 2004.

임마누엘 칸트, 이원봉 옮김, 『도덕형이상학을 위한 기초놓기』, 책 세상, 2002.

임마누엘 칸트, 백종현 옮김, 『실천이성비판』, 아카넷, 2006.

임마누엘 칸트, 백종현 옮김, 『윤리형이상학』, 아카넷, 2012.

임마누엘 칸트, 이남원 옮김, 『칸트의 형이상학 강의』, UUP, 1999.

오트프리트 회페, 이상헌 옮김, 『임마누엘 칸트』, 문예출판사, 1998.

J.G.브래넌, 곽강제 옮김,『철학의 의미』, 박영사, 2007.

프리드리히 카울바하, 백종현 옮김,『칸트 비판철학의 형성과정과 체계』,
서광사, 2013.

포르랜더, 서정욱 옮김,『칸트의 생애와 사상』, 서광사, 2001.

폴테일러, 김영진 옮김,『윤리학의 기본원리』, 서광사, 1985.

코플스톤, 임재진 옮김,『칸트』, 중원문화사, 1991.

크리스토퍼 베넷, 김민국 옮김,『윤리란 무엇인가』, 지와 사랑, 2013.

크리스틴 M 코스가드, 강형정·김양현 옮김,『목적의 왕국-칸트 윤리학의
새로운 도전』, 철학과 현실사, 2007.

황경식,『덕윤리의 현대적 의의』, 아카넷, 2012.

하마다 타다시, 이수경 옮김,『30분 만에 읽는 철학상식』, 북마인드, 2008.

페이튼, H. J., 김성호 옮김,『칸트의 도덕철학』, 서광사, 1990.

Adorno, Th. W., *Negative Dialektik*, Gesammelte Schriften Bd. 6, Ffm.: Suhrkamp,
1977.

Gregor, M. J., *Laus of Freedom*, Oxford:Blackwell, 1963.

Howard, C., *A Kant Dictionary*, Oxford:Blackwell, 1995.

Höffe, O., *Can Virtue Make Us Happy?*, Northwestern Univ. Press, 2010.

Kant, I., *Kritik der Praktischen Vernunft*, Wilhelm Weischedel(Hg.), Werkausgabe Bd.
6, 5. Aufll, Frankfurt, 1982.

Kant, I., *Grundlegung zur Metaphysik der Sitten*, Wilhelm Weischedel(Hg.),
Werkausgabe,Bd. 7, Frankfurt, 1974.

Kant, I., *Kritik der Reinen Vernunft*, Wilhelm Weischedel(Hg.), Werkausgabe, Bd.
3-4, Frankfurt, 1974.

Kant, I., *Kritik der Urteilskraft*, Wilhelm Weischedel(Hg.), Werkausgabe, Bd.10,
Frankfurt, 1974.

Kant, I., *Schriften zur Anthropologie, Geschichtsphilosophie, Politik und Pädagogik*,
Wilhelm Weischedel(Hg.), Werkausgabe, Bd. 12, Frankfurt, 1977.

Kant, I., *Die Metaphysik der Sitten*, Wilhelm Weischedel(Hg.), Werkausgabe, Bd. 8, Frankfurt, 1982.

Kant, I., *Schriften zur Metaphysik und Logik*, Wihelm Weischedel(Hg.), Werkausgabe, Bd. 6, Frankfurt, 1982.

Kant, I., *Die Religion innerhalb der Grenzen der blossen Vernunft*, Wilhelm Weischedel(Hg.), Werkausgabe, Bd. 8, Frankfurt, 1982.

Sullivan, R. J., *An Introduction to Kant's Ethics*, Cambridge Univ. Press, 1995.

Timmons(ed.), M., *Kant's Metaphysics of Morals Interpretative Essays*, Oxford Univ. Press, 2002.

Wood, A., *Kant's Ethical Thought*, Cambridge Univ. Press, 1999.

연대별 칸트의 생애와 대표적 저술

[1724년] 4월 22일 임마누엘 칸트 출생

[1732년] 프리데리치아눔(프리드릭스 신학원) 입학

[1737년] 칸트 어머니 사망(1697년생)

[1740년] 9월 24일 쾨니히스베르그 대학 입학

[1746년] 칸트 아버지 사망(1682년생)

[1755년] 6월 22일 「불에 관한 연구」로 철학박사 취득

9월 27일 「형이상학적 인식의 제1원리에 관한 새로운 해명」으로 교수자격 취득

[1755년] 1770년 교수직을 취득하기까지 15년간 사강사(시간강사) 신분으로 지냄

[1764년] 시학(Dichtkunst) 교수직을 제안 받았으나 거절

[1766년] 4월부터 1772년 5월까지 왕립 궁정도서관의 제2관리인 직(하급 도서관 사서)으로 지냄

[1770년] 3월 31일, 그의 나이 46세 때 쾨니히스베르그 대학

교 논리학 및 형이상학 교수로 초빙

[1781년] 『순수이성비판』 초판 출간

[1785년] 『도덕형이상학정초』 출간

[1786년] 쾨니히스베르그 대학 첫 번째 총장 역임

[1787년] 『순수이성비판』 재판 출간

[1788년] 『실천이성비판』 출간

쾨니히스베르그 대학 두 번째 총장 역임

[1790년] 『판단력비판』 출간

[1792년] 『베를린 월보』에 「인간 본성상의 근본악에 관하여」
게재.

후속 논문인 「인간을 지배하기 위한 선한 원리와
악한 원리의 싸움에 관하여」 인쇄거부

검열당국과의 갈등을 겪음

[1793년] 『순수한 이성의 한계 내에서의 종교』 출간

[1795년] 『영구평화론』 출간

[1796년] 마지막 강의(논리학, 자연지리학)

[1797년] 『도덕형이상학』 출간 : 1부 「법론의 형이상학적 원
리」, 2부 「덕론의 형이상학적 원리」

[1798년] 『실용적 관점에서 본 인간학』 출간

[1803년] 『교육학 강의』 링크가 편찬 간행함

[1804년] 2월 12일 사망

저자 **김덕수**__ 경북대학교 인문대학 철학과 강의교수

경북대학교 철학과를 졸업하고 경북대학교 대학원 철학과에서 서양철학을 전공하여 문학석사학위 및 철학박사학위를 받았다. 철학을 보다 더 세부적으로 접하게 되면서 현실 속의 인간과 인간의 삶을 더욱 더 고민하였고, 이를 계기로 이론철학에서 실천철학으로 연구를 진행하였다. 그 결과 「칸트 윤리학에서 덕과 도야」라는 주제로 박사학위를 받았다.

주요논문으로는 「칸트의 자율성과 덕」, 「덕의 도야와 비판적 사고」, 「철학상담에 대한 칸트적 접근」, 「실행으로서의 인성교육」, 「판단력과 덕 그리고 활동여지」 등이 있다. 현재 응용윤리 및 교육학 분야에 관심을 갖고 연구에 매진하고 있으며 경북대학교를 비롯하여 대구교육대학교, 울산대학교 등에서 강의를 하고 있다. 아울러 인문학의 대중화를 위해 지자체 및 도서관, 그리고 일선 중·고등학교에서 시행하는 인문학 강의에 참여하고 있다.

경북대 인문교양총서 ㉝

일상에서 이해하는 칸트 윤리학

초판 인쇄 2018년 4월 20일
초판 발행 2018년 4월 27일

지은이 김덕수
기 획 경북대학교 인문대학
펴낸이 이대현
편 집 홍혜정 **디자인** 안혜진 **마케팅** 박태훈 안현진

펴낸곳 도서출판 역락
주 소 서울시 서초구 동광로 46길 6-6 문창빌딩 2층
전 화 02-3409-2060(편집), 2058(마케팅) **팩 스** 02-3409-2059
등 록 1999년 4월 19일 제303-2002-000014호
전자우편 youkrack@hanmail.net **홈페이지** www.youkrackbooks.com
역락블로그 http://blog.naver.com/youkrack3888

ISBN 979-11-6244-216-6 04190
    978-89-5556-896-7 세트